Joseph Anton von Riegger

Für Böhmen von Böhmen

Joseph Anton von Riegger

Für Böhmen von Böhmen

ISBN/EAN: 9783743330207

Hergestellt in Europa, USA, Kanada, Australien, Japan

Cover: Foto ©ninafisch / pixelio.de

Manufactured and distributed by brebook publishing software
(www.brebook.com)

Joseph Anton von Riegger

Für Böhmen von Böhmen

Für
Böhmen

von

Böhmen.

Otocarus I.

Zweyte Lieferung.

Prag, 1793.

I.

Der wahre Patriot.

Am Gipfel eines Bergs, den niemal das
                                    Gebrülle
    Des wilden Wasserfalls erreicht:
An dessen Fuß der Sturm vorüberzeucht
        Unschädlich für des Gipfels Stille:
Lag auf dem weichen Rasengrün
        Vor ihrer kleinen Palmenhütte,
Urania; da naht mit leisem Tritte
        Ein Forscher sich der ernsten Königinn.

Sprich, lispelt er, mit bittenden Geberden,
Sprich Göttinn aus, worüber mir auf Erden
Genügenden Bericht noch Niemand bot;
Sag Hehre! an, wer ist ein Patriot?

Die Göttinn schweigt, und kehrt den Blick nach
                                    Süden.
Der Forscher schaut und bebt.   Ein großes
                                    reiches Land
Von mildem Himmel überspannt
Liegt da, ein Raub der wilden Eumeniden.

II.   A   Hier

Hier tobt mit nie geseh'ner Wuth
Des neuen Fanatismus Hyder;
Ein Menschenheer ermordet seine Brüder,
Singt beym Gemetzel Freudenlieder,
Und vom Schaffot fließt eines Königs Blut.
Des Außenkriegs, und Bürgerkrieges Flammen
Die schlagen über ihm zusammen.
Ein Jeder dieses Heers, das Jammer, Brand
                           und Tod
Verbreitet, spricht mit wehmutsvollem Tone
Urania zum bleichen Erdensohne,
Ein Jeder nennt sich: Patriot.
Ach sie entheiligen das Wort! In dieser Zone
Verdient kein Haupt die schöne Krone,
Die Rom der Bürgertugend bot.
Blick nun hieher. —
            Die hohe Morgenröthe
Zeigt ihm ein segenvolles Reich.
Dem neugeschaff'nen Eden gleich
Liegt es in schöner Ruh. Zum stillen Frühgebete
Des Hüttenmanns ertönt hier eine Flöte,
Dort, lauter Fink- und Lerchenschlag,
Und frohe Arbeit kürzt den Tag.

                              Zwar

Zwar kärglich nährt sein Fleiß den braunen
　　　　　　　　Schnitter;

Ein schwarzes Brod, ein Krug mit Milch gefüllt

Ist das, was Durst und Hunger stillt;

Indeß dem hochgebohrnen Ritter

Von langem Schmaus der große Magen schwillt.

Und doch — wem froher Muth statt aller Würz
　　　　　　　　　　je gilt,

Dem schmeckt des Ritters Gastmahl bitter,

Schmaust er nur einmal mit dem Schnitter.

D'rum kennt den Neid der braune Landmann nicht;

Umragt von hohen schweren Garben

Läßt er im gold'nen Saal den Reichen gerne
　　　　　　　　　　　darben,

Dem froher Sinn und Seelenruh gebricht.

Die Eintracht herrschet hier.　Es tanzen Hirt
　　　　　　　　und Ritter,

Der Ritter auf dem Ball, der Hirte bey der Zyther;

Nur daß dabey die Milz den letztern niemals sticht.

„ Getreu ehrwürdigen Gesetzen　—

Spricht nun Urania : "an die in diesem Land„

"Ein großes Volk sich selbsten band,

"Zu weise um sie zu verletzen,

"Durch die der Staat Jahrhunderte schon stand

　　　　　　　A 2　　　　　„In

"In Kraft und Ruhm; getreu und weise wohnen

"Hier viele Bürgermillionen

"Um einen grauen Fürstenthron,

"Um eines guten Königs Sohn.

"Der scharfe Pflug zerwühlt die Felder,

"Der Felsen grünt; im Herz der Wälder

"Steigt Dorf und Kirch' und Thurm empor.

"Es flieht der Rohheit düstre Trauer

"Vor dem vereinten bunten Chor

"Der edlen Künste. Wall und Mauer

"Schließt hier, so wie die Hütte und der Hain

"In dem Gewerbmann und im Bauer

"Den w a h r e n P a t r i o t e n ein.

"Er liebt mit angestammter Liebe

"Sein Vaterland; dem gilt sein Fleiß;

"Sie ist das mächtige Getriebe,

"Das ihn bestimmt. Für Müh' und Schweis

"Ist Glück des Vaterlands sein Preis! —

"Dem Vaterland erzeugt er Söhne

"Mit teutschem Wuchs, mit teutschem Muth!

"Die rächen gern der Unschuld Thräne

"Als Richter; trotzen gern der Wuth

"Der unersättlichen Hyäne

Des

"Des Kriegs; es strömet ja ihr Blut
"Für's Vaterland. Doch mit Entsetzen
"Sieht er der Aufruhrsfackel Glut,
"Sieht er der Brüder Schwerter wetzen,
"Und untreu heiligen Gesetzen
"Ein wildes, träges Volk sich reih'n
"Um ihre Hüter zu bedräun,
"Selbst wenn des Schwelgers feile Knechte
"Die Diener seiner Räuberei,
"Der Menschheit Würde frech entweihn —
"Zückt dann des P a t r i o t e n R e c h t e
"Das scharfe Schwert der Rache? — Nein! —
"Im Schwarm der feilen Ritterknechte
"Kann ja so mancher Vater seyn!
"Auch frißt des Aufruhrs Glut die Hütte
"Des Nachbars mit; und Wies' und Feld
"Zerstampfen seine wilden Tritte.
"Doch wenn des Volks gerechter Bitte
"Ein Schranze sich entgegenstellt,
"Den Fürsten schlau gefangen hält,
"Daß er der Wittwe Jammertöne
"Nicht höre; nicht die große Thräne
"Des Waisen seh' — dann dringt der Held

                              "Kühn

"Kühn zu des Thrones höchster Stufe
"Spricht mächtig für des Volkes Noth,
"Und stirbt fürs Volk den schönsten Tod.

"Mich fordert nun mit leisem Rufe
"Die Einsamkeit zurück. Sie haben mich ver-
            bannt,
"Die armen blinden Erdensöhne,
"Verführt vom schimmernden Gewand
"Der Afterschwestern. Doch die Szene
"Entweichet bald; erborgte Schöne
"Hält nicht dem Zahn der Zeiten Stand. —
So sprach die Göttinn, und verschwand.

         J. Kirpal.

II.
Von der Entdeckung und Vernich=
tung der nächtlichen Bachanalfeyer
zu Rom.

Nach Livius B. 39. Kap. 8. etwas freyer
überſetzt *).

Das folgende Jahr, v. Erb. der Stadt (564)
hielt die Konſuln Sp. Poſth. Albinus und Q.
Mart. Philippus von der Beſorgung der Armee,
des Krieges und der Provinzen ab, und beſchäftig=
te ſie mit der Beſtrafung einer Verſchwörung in
Rom ſelbſt. —

Nach Etrurien kam ein unbekannter Grie=
che, nicht etwa als Lehrer einer der Künſte, wel=
che dieß aufgeklärte Volk bey uns ſo häufig zur
Bildung des Geiſtes und des Körpers einführ=
te; ſondern ein Opferprieſter, ein ſchwärme=
riſcher Seher; aber auch keiner von jenen, die
öffentlich mit Aberglauben Gewerb und Handel
treiben, und die Gemüther mit Irrthümern an=
ſtecken

*) D. h. nicht ſklaviſch, aber deßhalb nicht minder genau,
ſo wie überhaupt Klaſſiker überſetzt werden ſollten.

stecken—vielmehr ein Priester eines geheimen Got=
tesdienstes (nächtlicher Mysterien). Den Anfang
machte nur eine kleine Anzahl Eingeweihter;
bald fieng es an, sich unter Männern und Wei=
bern zu verbreiten. Man fügte dann zu der Opf=
erfeyer die Freuden des Mahles und des Weines
hinzu, um die Gemüther zahlreicher anzulocken.
Da nun der Wein, die Wollust, die Nacht, das
Beysammenseyn der Weiber unter Männern, der
Jungen unter Erwachsenen alles Gefühl der
Schaam erstickt hatte: mußte da bald jede Art
von Ausschweifung und Verderbniß den Anfang
nehmen; denn ein jeder fand die Gattung von
Wollust, zu der ihn die Begierden seiner Natur
hinrießen, schon vorbereitet. Das wechselseitige
Schänden der ehrbaren Jünglinge und Weiber
war nicht die einzige Art von Verbrechen, die man
hier begieng; falsche Zeugnisse, falsche Siegel und
Testamente, falsche Anklagen kamen aus dieser
Werkstätte; sogar Giftmischerey und so geheime
Mordthaten, daß oft nicht einmal die Leichname zur
Beerdigung zu finden waren. Man wagte viel
durch

durch List, mehr noch durch Gewalt. Das Geheul, das schallende Getöse der Zymbel und der
Paucken, machte, daß keine Stimme der Hülf-
rufenden, Geschändeten und Gemordeten gehört
werden konnte; und so blieben die Gewalttha-
ten verborgen.

Aus Etrurien drang der Gräuel gleich der
Ansteckung einer Seuche nach Rom. Roms
Größe, für solches Uibel geräumiger und em-
pfänglicher, verbarg es Anfangs; bis auf folgende Art dem Konsul posthumius die Anzeige davon gemacht wurde. P. Aebutius, dessen Vater auf einem Staatspferde *) Kriegsdienste
gethan, wurde als Pupill nach dem Tode des
Vormünders unter der Vormundschaft seiner Mutter Duronia und des Stiefvaters J. Sempro-
nius Rutilus erzogen. Die Mutter war ihrem
Manne ganz ergeben: und da dieser als Stiefvater

---

*) *Equo publico stipendia fecit.* Nur die reichen
   römischen Bürger dienten zu Pferd, welches sie
   von der Republik bekamen; daher *equus publicus.*

vater die Vormundschaft so geführet hatte, daß
er keine Rechnung zu legen im Stande war,
wünschte er den Pupillen entweder aus dem Wege zu räumen, oder durch irgend ein Band ganz
von sich abhängig zu machen. Ein Weg dazu
war die Verführung der Bachanalien. Die
Mutter redete den Jüngling an: sie habe in
seiner Krankheit das Gelübde gethan, ihn so
bald er genesen würde, in die Geheimnisse
des Bachus einweihen zu lassen, die Güte der
Götter binde sie nun an ihr Gelübde, und
sie wolle es vollziehen. Es werde vorher eine zehntägige Enthaltsamkeit erfodert *), am
zehnten Tage wolle sie ihn nach einer guten
Mahlzeit und sorgfältiger Reinigung in das
Heiligthum führen. Die freygelassene Hispala
Secenia, eine berüchtigte Buhlerinn **), edler als
                                        das

---

*) Ein Gesetz, welches bey den meisten Mysterien der
   Alten statt fand.

**) *Scortum nobile;* in eben der Bedeutung braucht
    das *nobile* Livius im näml. Buche, 29 *Cap.* Phi-
                                              lip-

das Gewerbe, zu dem sie sich noch als Sklavinn ge=
wöhnte, nährte sich auch nach ihrer Entlassung mit
dieser Lebensart. Sie hatte mit dem Aebutius
aus Gelegenheit der Nachbarschaft einige Ver=
bindung, jedoch ohne Nachtheil für des Jüng=
lings Ruf und Vermögen; denn sie selbst mach=
te ihn zum Gegenstande ihrer Liebe und Begier=
de; und da die Seinigen ihm karg alles zu=
maaßen, versorgte ihn bloß die Freygebigkeit
des Mädchens mit dem Nöthigen; ja ihre An=
hänglichkeit an denselben gieng so weit, daß sie
nach dem Tode ihres Patrons, da niemand über
sie Gewalt hatte, von den Tribunen und dem
Prätor einen Vormund verlangte, ihr Testament
machte, und den Aebutius zum Alleinerben ein=
setzte *). Solche Pfänder der Liebe machten,
daß

lippum Pænum, *carum ac nobile scortum*, ab
Roma in Galliam perductum.—

*) Um diese Stelle zu verstehen, muß man sich erin=
nern, daß bey den Römern die Weiber in be=
ständiger Vormundschaft blieben; und daß jeder
Patron, der eine Sklavinn losließ, ihr tutor le-
gi-

daß sie für einander kein Geheimniß hatten; so
untersagte ihr einst der Jüngling im Scherze
alles Wundern, wenn er einige Nächte nicht
bey ihr schlafen würde: indem er aus Andacht,
um des Gelübdes für seine Genesung ledig zu
werden, sich in die Geheimnisse des Bachus ein=
weihen lassen wolle.

Kaum hörte dieß das Mädchen, als sie
ganz bestürzt ausrief: "Die Götter verhütten
dieß! Lieber den Tod für beyde, als einen
solchen Schritt; auf das Haupt derjenigen,
die

gitimus wurde — daß die Mündel keinen Schritt
in Rücksicht ihres Vermögens, wodurch ihr Zu=
stand verschlimmert werden könnte, thun durften,
außer auctore tutore, durch Genehmigung des
Vormünders. Gieng ein gesetzmäßiger oder testa=
mentarischer Vormund ab, so fand die tutela
dativa (obrigkeitliche Vormundschaft) statt, welche
ex lege Attilia zu Rom von dem Prætor und
Tribunus bestimmt wurde.

die solches rietben, sollte diese drohende Gefahr gebannt werden! — Der Jüngling voll Verwunderung über ihre Bestürzung sowohl, als die Worte, ermahnte sie mit solchen Verwünschungen einzuhalten, denn seine Mutter habe ihm dieß mit Einwilligung des Stiefvaters befohlen. Dein Stiefvater, fuhr sie fort, dein Stiefvater also ist es — (denn eine Mutter kann man dessen kaum beschuldigen) — der deine Keuschheit, deinen guten Namen, deine Hoffnungen und dein Leben mit diesem Schritte zu verderben eilt? — Als er nun in noch größere Verwunderung kam, und sie fragte, was es denn sey? flehete sie die Götter und Göttinnen um Gnade und Vergebung an, wenn sie aus übergroßer Liebe zu ihm, Dinge entdeckte, die stets verschwiegen bleiben sollten! Sie sprach: Als Sklavinn sey sie mit ihrer Frau in dieß Heiligthum gekommen, seit sie frey ist, habe sie es nie wieder betreten. Sie wisse, dasselbe sey die Werkstätte aller Art von Verführung; es sey bekannt, daß seit zwey Jahren niemand älter als zwanzig Jahre darinn auf-

ge-

genommen worden sey. So wie einer eingeführet
ist, werde er als ein Schlachtopfer den Prie=
stern überliefert; diese führen ihn in einen
Ort, der umher vom Geheule, von den Stim=
men der Chöre und dem Getöse der Zymbeln
und Drommeln erschalle, damit sein Geschrey
nach Hülfe, wenn er gewaltthähig geschändet
wird, nicht gehöret werde! Sie bath, sie be=
schwor ihn, die Sache, auf welche Art es sey,
von sich zu lehnen; sich nicht dahin zu stürzen,
wo er alles Schändliche erst leiden, dann thun
müßte! Sie ließ ihn auch nicht von sich; bis der
Jüngling ihr sein Wort gab, sich von diesem
Gottesdienste zu enthalten.

Als er dann nach Hause kam, und die
Mutter in Erwähnung brachte, was er an die=
sem Tage, und an den übrigen, die zu dem Fe=
ste gehören, zu thun hätte, sagte er gerade zu,
er würde nicht das geringste davon verrichten,
und sey gar nicht willens sich einweihen zu las=
sen. Der Stiefvater war zugegen. Da schrie
die Mutter heftig: — Er könne weder zehn

Tage

Tage ohne seine Hispala schlafen; von den Zauberkünsten und dem Gifte dieser Schlange angesteckt, habe er für die Mutter, den Stiefvater und selbst für die Götter keine Ehrfurcht mehr! — Sie fuhren fort, der Stiefvater sowohl als die Mutter, mit ihm zu hadern, und trieben ihn endlich mit vier Sklaven aus dem Hause.

Der Jüngling begab sich von dannen gerade zu seiner Base Aebutia, und erzählte ihr die Ursache, weßhalb er von seiner Mutter aus dem Hause verstoßen sey; auf ihr Anrathen hinterbrachte er am folgenden Tage, ohne Beyseyn eines Zeuges, die Sache dem Konsul Posthumius. Der Konsul befahl ihm am dritten Tage wieder zu kommen, und entließ ihn. Indeß fragte er die Sulpicia seine Schwiegermutter, eine würdige Matrone, ob sie nicht eine alte Frau auf dem Berge Aventinus *) kenne? Als

sie

*) Einer der 7 Hügel, auf denen Rom stand — damit benennt also der Konsul eine Gegend der Stadt

sie es bejahte, daß ihr diese rechtschaffene Frau
von alter Sitte wohl bekannt sey; sagte der
Konsul, er habe mit ihr nothwendig zu reden,
sie sollte sie daher durch einen Bothen zu sich
bitten lassen. Aebutia begab sich auf diese Auf-
foderung zur Sulpitia. Nach einem Augenblicke kam, wie von Ungefähr der Konsul dazu, und brachte die Rede auf ihres Bruders
Sohn, den Aebutius. Hier entstürzten Thränen der Frau, sie bejammerte das Schicksal des
Jünglings, der seiner Güter durch jene beraubt, die es am wenigsten sollten, und von
seiner eigenen Mutter verstoßen, nun bey ihr
wohnen müßte, bloß weil er ein tugendhafter
Jüngling sey, und — (mögen es die Götter
vergeben) — sich zu gewissen unzüchtigen Geheimnissen, wie der Ruf sie schildert, nicht einweihen lassen will. Der Konsul glaubte nun über
den Aebutius genug Auskunft erlangt zu haben, um überzeugt zu seyn, daß seine Angabe
nicht grundlos sey. Er entließ also die Aebutia,
und bath seine Schwiegermutter, die Hispala
eine in der Nachbarschaft bekannte Freygelassene

eben-

ebenfalls vom Aventinus zu sich kommen zu laſſen, auch von der habe er manches zu erforſchen.
Schon bey der Nachricht wurde Hiſpala ganz
beſtürzt, indem ſie nicht begreifen konnte, warum ſie zu einer ſo vornehmen und erhabenen
Dame geholt würde; nachdem ſie aber vollends
in dem Vorſale Liktoren und das ganze konſu-
lariſche Gefolge, ja den Konſul ſelbſt erblickte,
fiel ſie beynnahe in Ohnmacht. Sie wurde in
die innerſten Gemächer gebracht, wo ihr der
Konſul im Beyſeyn der Sulpitia ſagte; ſie habe gar nicht nöthig zu erſchrecken, wenn ſie ſich
entſchließen wollte, die Wahrheit zu reden; ſie
könne ſich dieß von einer Frau, wie Sulpitia,
oder von ihm ſelbſt verſichern laſſen; ſie ſollte
ihm nur alles entdecken, was in dem Haine der
Semele *) bey der nächtlichen Bachanalfeyer
zu geſchehen pflege.

B

Als

---

*) Hier ſind die Leſearten verſchieden — einige leſen,
Similæ, andere Stimulæ. Doil. in ſeinen Faſtis
ſagt, daß man nicht wußte, ob er der Hain der
Semelä, oder Stimulä hieß:

Lu-

Als dieß Hispala vernahm, ergrief sie eine Angst, ein solches Zittern aller Glieder, daß sie lange den Mund nicht öffnen konnte; da sie sich endlich in etwas erholt, gestand sie ein, sie wäre als Dienstmädchen noch sehr jung mit ihrer Frau eingeweiht worden, wisse aber nicht, was seit einigen Jahren, da sie freygelassen wurde, dort geschehe.

Der Konsul lobt auch dieß schon, daß sie nicht läugne eingeweiht zu seyn; sie sollte aber auch das Uibrige mit gleicher Treue anzeigen. Sie läugnete mehr zu wissen; er versichert, sie würde nicht eben so Verzeihung und Gnade erhalten, wenn die Sache durch einen andern ans Licht kömmt, als wenn sie selbst alles eingesteht; ihm habe der alles erzählt, welcher es von ihr selbst erfuhr. In der gewissen Meynung, daß Aebutius, wie es auch war, der Angeber des Geheimnisses sey, fällt sie der Sulpitia zu

Füs=

Lucus erat; dubium Semelæ, Stimulæne vocetur:

Mænadas Ausonias incoluisse ferunt.

Fast, L. VI. vers. 593.

Füssen; sieht sie zu erst, das Gespräch einer Freygelassenen mit ihrem Liebhaber ja nicht zu einer ernsthaften oder gar halsgerichtlichen Sache zu machen; bloß ihn abzuschrecken, nicht weil sie was wußte, habe sie ihm das gesagt. Hier geräth L. Posthumius in Zorn, und sagte: ob sie etwa glaube, auch itzt mit ihrem Liebhaber zu tändeln, oder in dem Hause einer angesehenen Frau mit dem Konsul zu sprechen? Sulpitia hebt die Zitternde auf, spricht ihr Muth ein und besänftigt zugleich den Zorn ihres Schwiegersohnes.

Da sie endlich wieder zu sich kommt, klagt sie bitter über die Treulosigkeit des Aebutius, der ihr für einen solchen Dienst in eben der Sache so schlecht lohne; sie habe, fährt sie fort, große Furcht vor den Göttern, deren Geheimnisse sie offenbaren würde — noch grössere vor den Menschen, welche sie als Angeberinn mit eigenen Händen zerreißen werden; daher bitte sie die Sulpitia, bitte den Konsul um das einzige, daß man sie außer Italien irgend wohin schicken möchte, wo sie ihr übriges Leben sicher

B 2   hin=

hinbringen könnte. Der Konsul heißt sie gutes
Muthes seyn, er selbst wolle Sorge tragen, daß
sie auch zu Rom sicher wohnen könnte.

Und nun erklärt Hispala den Ursprung
des Gottesdienstes: "Zuerst sey dieses Heiligthum nur für Frauen offen gewesen, und kein
Mann wurde je hinein gelassen; drey Tage
im Jahre waren festgesetzt, an welchen man
bey Tage unter die Bachen aufnahm; zu Prie-
sterinnen wurden gewöhnlich Matronen wechselweise gewählt. Die Priesterinn Pakulla
Minia eine Kampanierinn habe, wie auf einen Wink der Götter, alles verändert; denn
sie inizürte die ersten Mannspersonen in ihren eigenen Söhnen, den Minius und Hern-
nius, beyde Cerinier; sie machte den Gottesdienst zu einem nächtlichen, und bestimmte
statt der drey Tage des Jahrs, fünf in jedem
Monate zur Feyer. Da, seitdem der Gottesdienst gemeinschaftlich ist, sich Männer und
Weiber untereinander mischen, wozu noch der
Nacht Ausgelassenheit kömmt: so sey da auch
keine Schandthat, keine Ruchlosigkeit unter-
lass-

laſſen worden! Häufiger würden jedoch Männer von Männern, als Weiber geſchändet;
diejenigen als Opfer zu ſchlachten, die minder nachgiebig ſind, ſich ſchänden zu laſſen,
oder nicht hurtig genug das Laſter ſelbſt zu
begehen, halte man für gar kein Unrecht. Das
hauptſächlichſte der gottesdienſtlichen Handlungen dabey ſey, daß die Männer wie ſinn-
loſe, mit wüthender Gebährdung ihres Körpers wahrſagen; die Weiber aber im Bachan-
ten-Anzuge mit zerrauften Haaren und brennen-
den Fackeln in der Hand, bis zu dem Tiber-
fluße rennen, ſelbe ins Waſſer tauchen, und
weil ſie aus gediegenem Schwefel mit Kalch
vermiſcht beſtehen, mit unverletzter Flamme
herausziehen. Menſchen, die man an Ma-
ſchinen gebunden in verborgene Höhlen ſtür-
zet, hießen von den Göttern geraubt, und
dieß geſchehe jenen, welche ſich zu Laſtern
nicht mit verſchwören und verbinden, oder
Nothzucht nicht leiden wollen. Der Eingeweihten ſey ſchon eine ungeheure Menge, faſt
ein zweytes Volk — und darunter mehrere

der

der vornehmſten Männer und Weiber. Seit
zwey Jahren ſey feſtgeſetzt, daß niemand älter, als zwanzig Jahre, eingeweihet werden
ſolle — denn man locke das Alter, welches
mit Verblendung und Unzucht ſich verträgt.„

Nach vollendeter Ausſage, warf ſie ſich
abermals zu ſeinen Füſſen und wiederholte die
vorige Bitte; ſie außer Landes zu ſchicken.
Der Konſul erſuchet ſeine Schwiegermutter einen Theil des Hauſes auszuräumen, damit
Hiſpala hinein ziehen könnte. Eine Wohnung
im obern Stocke des Gebäudes ward dazu eingerichtet, in dem man die Treppe, welche auf
die Gaſſe führte, verſchloß, und den Eingang in
das Innere des Hauſes wendete *); die Sachen
der

*) Aedes auch inſulæ heißen bey den Römern jene
   Häuſer gemeiner Gattung, worinn Wohnungen
   zu vermiethen waren. Cœnaculum war ein
   ganzes ſolches Logis, daher die Miethbewohner
   cœnacularii hießen. Die Haupttreppe des Hauſes gieng auf die Gaſſe. Das Speiſezimmer aber
   bieß triclinium oder cœnatio. Siehe den Plan
   eines alten Hauſes nach Vitruv im 2ten Bande
   der

der Fecenia wurden unverzüglich übertragen, ihr Hausgesinde hergeholt, und Aebutius mußte zu einem Klienten *) des Konsuls ziehen.

Nachdem nun beyde Angeber in Verwahrung gebracht waren, trug Posthumius die Sache dem Senate vor. Er stellte alles nach der Ordnung dar, was ihm erstlich hinterbracht wurde, und was er dann selbst ausgeforscht hatte. Da ergriff die versammelten Väter eine heftige Furcht; theils wegen des allgemeinen Besten, weil wohl diese Verbindungen und nächtlichen Zusammenkünfte leicht irgend eine Gefahr oder sonst einen geheimen Anschlag auf den Staat hegen könnten — theils auch des eigenen Schicksals wegen, damit nicht jemand aus den Seinigen in das Verbrechen mit verwickelt sey! —

Der

der Reise des jüngern Anacharsis; auch Nitsches Beschreibung der Römer; 1 B.

*) Klienten waren bekanntermaßen Plebejer, die sich zu ihrem Beschützer einen Patrizier gewählet hatten, der dann Patronus hieß. Es war ein schöner Gedanke von Romulus ein solches Band zwischen diesen zwey Ständen zu knüpfen! Die Einrich=

Der Senat aber beschloß dem Konsul Dank zu sagen, daß er die Sache mit sehr viel Sorgfalt und ohne öffentliches Aufsehen erforscht habe; er trug den Konsuln die ganze Untersuchung über die Bachanalien und den nächtlichen Gottesdienst außerordentlich auf; befahl ihnen Sorge zu tragen, damit dem Aebutius und der Hispala die Sache nicht zum Nachtheil gereiche, und überhaupt durch Belohnungen noch mehrere zur Angabe zu reizen; — alle Prie-

richtung hatte einige Aehnlichkeit mit der Lehns-nexus der teutschen Nationen. Die Klienten waren schuldig ihren Patronus väterlich zu ehren, ihm Hülfe zu leisten †; und die Großen Roms pflegten von den Schaaren ihrer Klienten umgeben in den Volksversammlungen zu erscheinen. Dafür erhielten die Klienten Schutz und Unterstützung; ja, da sie meistens arm waren, so bekamen sie, so oft sie ihren Patronus den Morgengruß brachten, Gaben, entweder an Gelde, oder an Eßwaaren, die denn von den Körbchen worinn man sie ihnen brachte, Sportulæ hießen. Virgil spielt darauf im 2ten B. Georgic. an:

Si non ingentem foribus domus alta superbis
Mane salutantûm totis vomit ædibus undam.

Priester dieses Gottesdienstes, Männer oder Weiber, nicht nur zu Rom, sondern, in allen Städten und Marktplätzen sollten ausgeforscht und in die Gewalt der Konsuln geliefert werden; zu Rom sey eine Verordnung *) anzuschlagen und in ganz Italien bekannt zu machen: daß niemand der Eingeweihten sich des Gottesdienstes wegen versammeln oder zusammen kommen, auch keine dahin gehörige Handlung begehen sollte. Vor allen andern aber sey über jene die Untersuchung vorzunehmen, die sich zur Nothzucht verschworen und versammelt haben.

Dieß war der Beschluß des Senats. Die Konsulen gaben den kurrulischen **) Aedilen (se=

na=

*) Edictum, war beynahe das nämliche, was bey unsern Gerichtsstellen Edikt heißt — eine Verord= nung irgend eines unterm Jubizial = oder politischen Magistrats, die so lang galt, als sein Amt währte; zu den Zeiten der Kaiser hatten die Prätores Edicta perpetua.

**) Currules heißen sie von der Sella currulis dem Ehrenzeichen dieses höhern Magistrats. Diese

Ste=

natorifchen Aedilen) Befehl, alle Priefter diefes
Gottesdienftes aufzufuchen, zu ergreifen und in
beliebigen Dertern verfperrt zum Verhör auf-
zubewahren; die plebejifchen Aedilen (Volks-
adilen) foll en wachen, damit nirgends im Verborgenen der Gottesdienft gefeyert würde. Die
(peinlichen Triumviren) triumviri capitales *) bekamen den Auftrag, Wachen durch die Stadt zu
vertheilen und zu unterhalten, auch alle nächtlichen Zufammenkünfte zu hindern; damit man
alle Feuergefahren verhüte, wurden den Triumviren fünf Männer als Gehilfen zugetheilt; wovon jeder auf die Häufer feines Bezirks dießeit
des Tibers Acht haben follte.

Die Magiftrate wurden nun jeder zu feiner Amtsverrichtung entlaffen; die Konfuln
aber

Aediles hatten die oberfte Aufficht über die Polizey der Stadt.

*) Triumviri Capitales hatten die Auffcht über die
Gefängniffe und die Erekution der Todesftrafen
— alfo waren fie Unterbeamte der Polizey.

aber beftiegen die Roftra *). Als das Volk
verfammelt war, und der Konful das feyerliche
Gebet, welches die Magiftratsperfonen vor eis
ner Rede an das Volk herzufagen pflegen, vers
richtet hatte, fprach er folgendes:

Niemals ihr Römer! war bey einer Volks=
verfammlung diefe feyerliche Götteranrufung
nöthiger, niemals gefchickter euch zu erinnern,
daß euere Voreltern diefe Gottheiten nur zu
ehren, zu fürchten und anzurufen verordnes
ten; nicht aber jene, die durch fremde und
verderbliche Religionsgebräuche die bethörten
Gemüther, wie mit einem rafenden Kitzel, zu
jedem Lafter, zu jeder Ausfchweifung antrei=
ben würden.　In der That ich weiß nicht,
was ich verfchweigen — nicht wie viel ich euch
fagen foll.　Ich fürchte, wenn ihr nicht alles

er=

*) Roftra bekanntermaffen die Rednerbühne auf dem
　Forum Romanum vor der Curia hoftilia aufges
　richtet; fie beftand aus den Schnabeln der kar=
　thaginenfifchen Schiffe, welche die Römer im er=
　ften Punifchen Kriege bey dem erften Sieffiege er=
　beuteten.

erfähret, den Vorwurf der Nachläßigkeit zu
verdienen; und wenn ich alles enthülle, euch
zu viel Schrecken zu machen! Seyd versichert,
daß alles, was ich euch sagen mag, immer
noch zu wenig gegen die Größe und Abscheulichkeit der Sache gesagt sey. Jedoch will ich
mir Mühe geben, daß es hinlänglich werde,
euch wachsam zu machen. — Daß es lange
schon in ganz Italien und itzt selbst an vielen
Oertern in Rom Bachanalien gebe, habt ihr
sowohl durch die Sage, als das nächtliche Getöse und Geheul, welches in der ganzen Stadt
erschallt, ganz gewiß erfahren; aber ihr
wißt nicht, was die Sache eigentlich sey! Einige vermuthen darunter irgend eine Art von
Götterverehrung; andere erlaubtes Spiel oder
Ausgelassenheit; was es aber auch sey, so
glaubt man, schränke es sich doch nur auf wenige Theilnehmer ein. — Wenn ich euch aber
in Betreff ihrer Zahl sage, daß sie sich auf
viele tausend Menschen erstrecke, müßte euch
da nicht alsogleich ein heftiger Schrecken be-
fallen, wenn ich nicht hinzusetzte, was es für

Leu-

Leute seyen? — Insförderst also machen Weiber einen großen Theil davon aus, und dieß war die Quelle des Uibels; aber auch Männer, die den Weibern nichts nachgeben, geschändet zugleich und Mitschänder selbst, begeisterte Nachtschwärmer, vom Weine und dem nächtlichen Toben und Lermen bis zur Sinnlosigkeit betäubt! Der Bund hat bis jetzt noch keine Kräfte, aber die größte Anlage dazu, weil er sich täglich vermehrt! — Euere Voreltern wollten, daß ihr Bürger selbst euch nie versammelt, außer wenn die Fahne von der Burg *) wehte, und zur Sicherheit der Komizien ein Kriegsheer aufgebothen ward — oder wenn die Tribunen eine gemeine Volksversammlung anordneten — oder wenn sonst ein Magistrat zu euch eine Rede halten wollte; und sie waren der Meynung, daß da, wo eine versammelte Menge ist, auch ein gesetzmäßiger Vorsteher seyn müsse! Was haltet

                                                    ihr

*) Arx hieß der vierte oder höchste Absatz des Capitolium, am mitternächtlichen Theil des kapitolinischen Berges.

ihr also von jenen Zusammenkünften, die
bey der Nacht geschehen, und wo Männer
und Weiber unter einander gemischet sind? —
Wüßtet ihr, in welchem Alter Jünglinge eingeweiht werden — ihr würdet euch ihrer zum Theile erbarmen, zum Theile schämen.
Quiriten! Wollet ihr aus Jünglingen, die solche Eide binden, Soldaten machen? Jünglingen, die ihr aus unzüchtigen Tempeln heraus-
ziehet, Waffen anvertrauen? Sollen diese mit
eigener und fremder Unzucht befleckt, für die
Keuschheit euerer Weiber und Kinder das
Schwert führen und siegen? — Der Gräuel
wäre indessen nicht so groß, wenn sie sich bloß
mit schändlicher Wollust geschwächt hätten,
(denn sie selbst entehrten sich größtentheils dadurch): wäre nur auch ihre Hand von Verbrechen, ihr Geist von Ränken rein geblieben!
Aber unsere Republik sah noch nie ein solch
ungeheueres Uibel, weder von so vielen Theil-
nehmern, noch so vieler Bosheit! Was diese
Jahre her durch Geilheit, durch Betrug,
durch Ruchlosigkeit verbrochen wurde, ent-
sprang,

Sprang; glaubt es mir, nur aus diesem Tempel! Und doch kamen noch nicht alle Gräuelthaten zum Vorschein, zu denen sie verschworen
waren; denn aus Mangel hinlänglicher Kräfte die Republik umzustürzen, hält sich der
ruchlose Bund nur noch an Privatverbrechen!
Aber das Uibel wächst und schleicht vom Tage zu Tage weiter; schon ist es größer, als
daß es in den Schranken des Privatstandes
bleiben könnte — es gilt dem ganzen Staate!
Und seht ihr euch nicht vor, Römer, so wird
dieser vom Konsul gesetzmäßig bey Tage berufenen Versammlung, jene Menge der Nacht
bald gewachsen seyn! Einzeln fürchten sie jetzt
noch euch alle hier Versammelte; aber sobald
ihr in euere Häuser, oder auf die Aecker euch
zerstreut, werden sie zusammenkommen, über
ihr Heil und über euern Untergang zugleich
sich berathschlagen, und dann werdet ihr Einzelne sie alle fürchten müssen! Jeder von euch
soll daher wünschen, daß die Seinigen gute
Gesinnungen hegen; und hat Wollust, hat
Raserey jemanden davon in diesen Abgrund
hin-

hingeriſſen: So haltet ihn nicht für euern,
ſondern für den Angehörigen jener Rotte, mit
welcher er ſich zu allen Schändlichkeiten, zu
allen Verbrechen verſchwor! Aber noch bin
ich nicht außer Furcht, daß nicht mancher von euch bethört vom Irrthum ſtrauch-
le; denn nichts täuſcht durch den betrüglichen
Schein mehr, als ruchloſer Aberglauben!
— Wenn der Götter geheiligter Name Laſtern
zum Vorwande dient, dann ſchleicht ſich leicht
Furcht in unſere Gemüther ein, damit bey der
Rächung menſchlicher Betrügereyen, nicht etwa ein göttliches mitbegriffenes Recht verle-
tzet werde! Von dergleichen Aengſtlichkeiten
des Gewiſſens befreyen euch unzählige Dekrete der Oberprieſter, Rathsſchlüſſe des
Senats, und die Antworten der Aruſpices.
Wie oft war es zu den Zeiten euerer Eltern
und Voreltern den Magiſtraten zur beſondern
Amtspflicht gemacht, fremden Gottesdienſt
zu hindern, falſche Prieſter aus dem Forum,
dem Circus, ſelbſt aus der Stadt zu entfernen —
prophetiſche Bücher aufzuſuchen, zu verbrennen?

nen? alle gottesdienstlichen Gebräuche, außer
die nach römischer Art wären, abzuschaffen?
denn diese Männer voll der geprüftesten Ein-
sicht in das menschliche und göttliche Recht,
hielten dafür, nichts trage zum Verfall der
Religion mehr bey, als die Vernachläßigung
der vaterländischen, und Einführung fremder
Opfergebräuche. Ich glaubte euch dieses vor-
herfagen zu müssen, damit nicht ein heili-
ges Vorurtheil euere Herzen beunruhige,
wenn ihr sehet, wie wir die Bachanalien
zerstören, und die verbrecherischen Zusammenkünfte aus einander treiben. Alles dieses
wird mit dem Willen und der Begünstigung
der Götter geschehen, die ihren heiligen Namen mit Unwillen durch Laster und Unzucht
befleckt sahen, und daher alles aus dem um-
hüllenden Dunkel der Nacht an das Tageslicht
zogen; aber ihr Wille war es nicht, die Sache zu offenbaren, damit sie ungestraft bleibe;
sondern damit sie gerächet und unterdrückt
werde; der Senat hat mir und meinem Amts-
bruder die Untersuchung darüber außeror-

dentdeutlich aufgetragen, und wir wollen schleunig das, was uns zukömmt, vollführen. Die Besorgung und Vertheilung der Nachtwachen durch die Stadt übergaben wir den untern Magistraten. Aber auch ihr sollet billig vermög euerer Pflicht überall, wo man euch hinstellt, und was man euch befiehlt ohne Zaudern leisten, und euch Mühe geben, daß keine Gefahr oder Auflauf durch die List der Schuldigen entstehe! —

Hier befahl man den Senatbeschluß vorzulesen, und setzte für jeden Angeber Belohnungen fest *).

Als

*) Im übrigen enthielt der Rathschluß, daß keine Bachanalien weder zu Rom, noch durch ganz Italien gehalten werden sollten. Wenn aber doch jemand die Feyer derselben aus Gewissenhaftigkeit für nothwendig hielte und sie nicht unterlassen zu dürfen glaubte: so soll er sich beym Prätor melden; der Prätor möge dann die Anzeige an den Senat machen, und desselben Befehle erwarten. Würde es ihm zugestanden, so soll er diese Sacra dergestalt feyern, daß nicht mehr als fünfe zusam-

Als die Versammlung entlaffen war, entstand in ganz Rom ein heftiger Schrecken, blieb aber nicht innerhalb der Mauern der Stadt, oder ihres Gebietes; man fieng an, so wie durch Briefe der Freunde an ihre Freunde die Nach-

C 2 richt

saminentreten, und diese keine gemeinschaftliche Kaffe, auch keinen Vorsteher haben sollen.

Q. Marcius Lucii filius, Spurius Posthumius Lucii filius, Confules Senatum confuluerunt, nonis Octobris apud ædem Duellonæ. Scribendo adfuerunt M. Claudius Marci filius, Lucius Valerius Publii filius, Q. Minutius Caji filius. De Bachanalibus, qui fœderati effent, ita edicendum cenfuere. Nequis eorum Bachanal habuiffe vellet. Si qui effent, qui fibi dicerent, neceffum effe Bachanal habere, iis uti ad Prætorem Vrbanum Romam venirent, deque iis rebus, ubi eorum verba audita effent, uti Senatus nofter decerneret, dum ne minus Senatoribus centum adeffent, quum ea res confuleretur. Bachas vir ne quis adiife vellet civis Romanus, neve nominis latini, neve fociorum quisquam, nifi prætorem urbanum adiffent, isque de Senatus sententia, dum ne

mi-

richt von dem Senatschluße, der Volksversamm=
lung und der Verordnung der Konsulen verbreitet
ward, auch im ganzen Italien zu zittern. In der
Nacht, die auf den Tag folgte, wo man dem
versammelten Volke die Sache öffentlich bekannt
machte, wurden viele Fliehenden von den Trium=
viren, mittelst der um jedes Thor ausgestellten
Wachen, angehalten und zurückgebracht; mehre=
re noch wurden angegeben, wovon einige sowohl

Män=

minus Senatoribus centum adeſſent, quum ea
res conſuleretur, juſſiſſet. Cenſuere: Sacerdos
ne quis vir eſſet magiſter, neque vir neque
mulier quisquam eſſet, neve pecuniam quis=
que eorum communem habuiſſe vellet, neve
Magiſtratum, neve pro Magiſtratu, neque vi=
rum, neque mulierem quisquam feciſſe vellet,
neve poſthac inter ſe conſpiraſſe, neve com-
vovisse, neve conſpondiſſe, neve compromi=
ſiſſe vellet, neve quisquam fidem inter ſe de=
diſſe vellet. Sacra in oculto ne quisquam fe=
ciſſe vellet, neve in publico, neve in privato,
neve extra urbem ſacra quisquam feciſſe vellet;
niſi Prætorem urbanum adiſſet, isque de Se=
natus ſententia, dum ne minus Senatoribus

cen-

Männer als Weiber sich selbst ums Leben brachten.   Die Zahl der Verschworenen wurde an
sieben tausend und darüber angegeben; und es
entdeckte sich, daß die beyden Atinier C. und M.
zwey Plebejer aus Rom, dann L. Opiternius
von Falisci und Minius Cerrienius ein Kam-
panier die Häupter des Bundes wären, daß von
ihnen alle die Schändlichkeiten und Missethaten
herstammten, daß sie die Stifter und Oberprie-

                                   ster

centum adessent, quum ea res consuleretur,
jussisset. Censuere : Homines plus quinque
universi viri atque mulieres sacra ne quisquam
fecisse vellet, neve interibi viri plus duobus,
mulieres plus tribus adfuisso vellent, nisi
de Prætoris urbani Senatusque sententia, uti
supra scriptum est. Hæcce uti in concionibus
edicatis ne minus trinum nundinum, Senatusque sententiam uti scientes essetis, eorum
sententia ita fuit: Si qui essent, qui adver-
sum ea fecissent, quam supra scriptum est, iis
rem capitalem faciendam censuere, atque uti
hocce in tabulam ahenam incideretis. Ita Senatus æquum censuit , utique eam figi ju-
beatis ubi facillime nosci potis sit, atque uti

                                   ea

ster dieses Gottesdienstes seyen'; man gab sich
daher Mühe, sie auch am ersten zu ergreifen.
Da sie vor dem Konsul gebracht, alles eingestan,
den, so ward ihr Gericht ohne Aufschub geen=
digt. — Die Untersuchungen wurden fortgesetzt;
die Schuldigen nach dem Grade ihrer Theilnah=
me an den Schandthaten des Bundes bestraft,
und die ersten Angeber, Aebutius und Hispala
theils mit Gelde, theils mit Vorrechten aus=
gezeichnet, belohnet.

Ei-

ea Bachanalia si quæ sunt, extra quam si quid
ibi sacri est, ita uti scriptum est, in diebus
decem, quibus vobis tabellæ datæ erunt, fa-
ciatis ut dismota sint in agro Tevrano.
Dieß ist der vollständige Rathschluß (Senatuskon=
sultum), der unter dem Namen des Posthumischen
bekannt ist, und wovon das Original in der k.k.
Bibliothek zu Wien befindlich ist. Die Geschichte dieser
antiquarischen Seltenheit ist kürzlich folgende: sie ward
in Welschtyrol ausgegraben, der erste Besitzer der=
selben war Cigala, ein tyrolischer Kavalier, von
ihm erhielt sie Garelli Karls des Sechsten Leib=
arzt als ein Geschenk für die kaiserl. Bibliothek.—
Eine schöne Abhandlung über die Mysterien der
Etrusker hat ein gewisser D*** geschrieben.

Einige Betrachtungen über das Fragment aus dem Livius.

Mir schien dieses Stück aus dem 39ten Buche der römischen Geschichte des Livius wichtig genug um eine Aushebung und Verteutschung zu versuchen. Gegenstand und Darstellung sind gleich interessant.

Die Begebenheit ereignete sich bald nach dem 2ten Punischen Kriege, im Jahre von Erbauung Roms 564. oder nach andern 566; fast zur nämlichen Zeit, als Roms größter Mann Publ. Scipio Afrikanus und sein Bruder Scipio Asiatikus Opfer einer niederträchtigen Faktion wurden — und der entartete Sinn der Römer durch die ungerechte Einmischung in die Angelegenheiten des Königs Philippus von Mazedonien sich zu äußern anfing.

Livius schildert die Begebenheit sehr genau und mit seiner bekannten Kraft und Darstellungsgabe. Aber auch ohne diese wäre der Gegenstand an sich jedem benkenden Freunde der Geschichte, der Vergleichungen und Parallelen zwischen den verschiedenen Zeiten anzustellen pflegt, sehr wichtig und werth seiner ganzen Aufmerksamkeit. So manche Thorheit, so manches Uibel, so manches moralische Ungeheuer wuchs in dem weiten Zeitenlaufe auf unserm Erdenrund empor: aber ein solches, wie diesen Orgienbund kennt die Geschichte nicht! —

Das

Das Uibel kam aus Griechenland. Die Griechen, die zu der Zeit von ihren Vorfahren nur den Leichtsinn und die Laster noch hatten, wanderten auf gut Glück zu allen Völkern der damaligen Welt, und brachten ihnen für gute Bezahlung — wie ungefähr eine den Griechen nicht unähnliche Nazion neuerer Zeiten — tausend angenehme Künste, reizende Thorheiten, Moden, Vorurtheile und Laster mit.

Eben so kam diese schändliche Nachtfeyer des Bachus durch einen griechischen Kagliostro zuerst nach Etrurien. Es scheint, daß Etruriens Boden an solchen Gewächsen der Schwärmerey fruchtbar gewesen sey; denn die Römer, die Lehrlinge der Etrusker in Kultur und Religion, hatten so manchen abergläubischen Gebrauch von da empfangen. Wir wissen, daß ihre Augurs und Aruspices und alle Arten von authorisirten Propheten etruszischen Ursprunges waren; ein etruszischer Ankömmling aus der Stadt Fescennium, war der fescenninische Gesang — nicht eben durch die Sittsamkeit seines Inhalts berühmt, aber doch lange beliebt bey den Römern! Auch die theatralischen Vorstellungen, die man ludos scenicos, scenische Spiele nannte, kamen zur Zeit der fürchterlichen Pest 390 A. V. C. durch etruszische Gaukler nach Rom *). Kein Wunder, daß auch die Bachanalfeyer von da nach Rom verpflanzt wurde! Livius giebt

*) Livius L. VII. C. 2.

giebt sehr richtig, in der Erzählung *), den Grund
an, warum sie sich in Rom so leicht verbreiten und
versteckt halten konnte. Das ist ja immer das Vorrecht
großer Städte gewesen, daß sie die Wiege der Sittenver=
derbniß, der Schlupfwinkel aller Bösewichter und die Werk=
stätte der gräßlichsten Entwürfe und Gräuelthaten wa=
ren! Giebt es eine Abscheulichkeit, die nicht Babylon,
Korinth, Rom, Konstantinopel, Paris, London zur
Welt gebracht hätte? Juvenals 2te Satyre wird gewiß
nicht hyperbolisch scheinen, wenn man auf diesen Gegen=
stand in der Geschichte seine Aufmerksamkeit richtet **)!

Aber wie war es möglich, daß ein so gränzenlos
schändliches Gaukelwerk bey so viel Tausenden der biedern
Römer Beyfall finden konnte? — Darüber giebt uns
die Religion der Alten viel Aufschluß.

Denn was war sie? — Ein ungereimtes Ge=
bäude, zusammengesetzt aus Dichterphantasien, Tradizion
und

*) Mit den Worten: primo vrbis magnitudo ca-
pacior patientiorque talium malorum, ea ce-
lauit.
**) Man wird vielleicht zu spät die Nothwendigkeit
einsehen, der unverhältnißmäßigen Vergrößerung
einzelner Hauptstädte Schranken zu setzen. Woll=
te man nicht Homers große Wahrheiten dar=
über, in seinen Versuchen über die Geschich=
te der Menschheit beherzigen; so müßten sie die
gegenwärtigen Ereignisse in Paris dennoch auf=
merksam machen und belehren.

und Allegorie; ein täuschendes Gepränge von Opferge=
bräuchen und der Feyer unzähliger, zum Theile ver=
führerischer Feste, wobey sich die Priester eben sowohl,
als die Sinne der Andächtigen befanden. Bey den mei=
sten ihrer Feste gab es Schmause, Tanz und Trinkgela=
ge, und sie dauerten oft, wie z. B. die Saturnalien, zum
Schaden der Moralität und Arbeitsamkeit ganze Wochen
lang — Rom taumelte da in anhaltender Trunkenheit *)!
Es war eine Religion der Einbildungskraft — ein blü=
hender Gottesdienst voll theatralischer Aufzüge, voll rei=
zender Ceremonien, die bloß auf Sinnesgenuß abzielten,
ohne Antrieb zur Tugend und Selbstverläugnung. Ihre
Götter konnten auch wahrhaftig die Muster dazu nicht ab=
geben! Denn sinnliche Wesen — Geschöpfe der Imagi=
nazion, voll Leidenschaft und Gebrechlichkeit, rachgierig
und lasterhaft, untereinander uneins, mit Menschen sich
vermischend und oft von Menschen selbst bezwungen:
wie sollten diese eine heilige Ehrfurcht oder Tugendgefühl
erwecken? Moritz **) hat alle Kraft seiner Imaginazion,
alle Reize seiner Darstellungsgabe aufbieten müssen, um
                                                    sie

---

*) Sieh die Ἀνϑουσα von Moritz; darauf spielt auch Ho=
    raz in art. Poet. wo er von eingeschlichenen Miß=
    bräuchen des Theaters redet, mit den Versen an:
    — — — Eo quod
      Illecebris erat, & grata novitate morandus
    Spectator, functusque sacris, & potus & exlex!

**) In den vortrefflichen Werken, die Götterlehre, und
    Roms heilige Gebräuche oder Ἀνϑουσα.

fie uns intereffant und liebenswürdig zu schildern; und doch schildert er fie nicht als Religionswesen, sondern mehr, wie fie als schöne Fiktion in den Werken der Dichter erscheinen. Und doch gesteht er in der schönen Beschrei= bung der sekularischen Spiele, wie wenig die Religion der Alten, Moralität zur Absicht hatte und befördern konnte.

"Sie kannten, sagt er, unfern moralisch = religiö= sen Begriff von Sünde nicht. Sünde war bey ihnen, wenn man z. B. bey irgend einem Opfer oder gottes= dienstlichen Gebrauch etwas verseben, oder irgend eine Aufmerksamkeit, die man den Göttern bey ihrer Vereh= rung schuldig zu seyn glaubte, aus der Acht gelassen hatte. Dergleichen ganz unmittelbare Vergebungen ge= gen die Götter felbst, die mit dem moralischen Leben in gar keiner Beziehung standen, waren es eigentlich, wo= mit die Alten nur den Begriff von Sünde verknüpften, und eine Art von Aussöhnung oder Entsündigung bey denselben für nothwendig hielten. „

"Hingegen, fährt er fort, war man so weit ent= fernt Wollust, Habsucht, und Ehrsucht mit den Handlun= gen, welche daraus entspringen, zu den auszusöhnenden Vergebungen zu rechnen, daß man vielmehr geradezu die Götter felbst anflebte, zu der Befriedigung aller die= fer Leidenschaften hilfreiche Hand zu leisten; und z. B. zu der Erreichung feiner Wünsche im Genuß der Wollust, den Beystand der Venus, zur Befriedigung feiner Hab=

sucht

sucht und Begier nach Schätzen, die Hülfe des Herkules sich erbath. Eine jede Leidenschaft wurde nämlich an sich so wenig für gottlos und profan gehalten, daß man sie vielmehr selbst zu einer Gottheit personifizirte, und daher z. B. in Ansehung der Venus nicht so wohl irgend eine Ausschweifung in der Wollust für ein auszusöhnendes Vergehen halten durfte, als vielmehr befürchten mußte, durch eine zu grosse Enthaltsamkeit diese Göttinn zu erzürnen. „

Eine solche Religion mußte natürlich der Schwärmerey so gut, wie der Bosheit hinreichende Mittel zur Täuschung und Betrügerey anbieten; es war leicht, jedes Laster mit dem Namen einer Gottheit, oder eines heiligen Gebrauches zu umhüllen. Die schwachsinnige Andächtelen täuschte man mit heiligen Larven — und den Begierden der Ausschweifung, oder der Jugend both der Gottesdienst, Genuß und Befriedigung dar! So waren bald zwey zahlreiche Klassen von Menschen verführt, und der reißende Fortgang der Orgien darf uns nun nicht befremden.

Wo jener Grækulus, den Livius nicht nennt, zu dieser saubern Bruderschaft die Idee hernahm, ist nicht schwer zu errathen. — Wer kennt nicht jene so berühmten Mysterien der Ceres zu Eleusis in Attika? Wer kennt nicht jene rasenden Prozessionen der vom Wein und der Sinnenlust trunkenen Bachantinnen am Taygetus? Diese

letztern

letztern werden zwar nach ihrem Werthe geschätzt; aber
ganz anders sind die Schilderungen der Geheimnisse der
Ceres. Manche Schriftsteller sahen darinn einen Bund
weiser Menschen, die die Lehre vom einzigen wahren
Gott, und manche andere hohe Wahrheit aufbewahret,
und durch das geheimnißvolle Dunkel dem Auge des Profanen entzogen hatten *). Der Irrthum kam daher:
man war gewohnt, alles, was griechisch oder römisch hieß,
mit abgöttischer Verehrung zu betrachten, überall Vortrefflichkeit und Größe zu ahnden — und wie leicht ist
es nicht alles zu sehen, was man gerne sehen möchte?

Richtiger haben andere scharfsinnige Schriftsteller,
die eigentliche Beschaffenheit dieser so berufenen Geheimnisse enthüllt **). Sie waren, sagt Pauw, in ihrem
Ursprunge nichts als ländliche Feste zu Ehren der Ceres,
die man nach der Ernte gefeyert hatte: von diesen gieng
man

*) Dieß war die Hypothese des berühmten Warbur-
ton, dem unser Meiners gefolgt war; auch
Barthelemy in der Reise des jüngern Anacharsis
spricht gar zu günstig davon; eben so verschweigt
Moriz in dem oben angeführten Werke, bey der
Beschreibung des Festes der Cerealien und Libe-
ralien die Unordnungen, die sich dabey zu ereignen
pflegten.

**) Vorzüglich Sainte-Croix in seinem gelehrten und
gründlichen Werke über die Mysterien der Alten;
eben so Pauw in den vortrefflichen Recherches
sur les Grecs. B. zter

man aus, den gröbsten Betrug in die dunkelste Schwär=
merey zu hüllen.

Die klugen Hierophanten benützten die abergläu=
bische Schwachheit der Griechen zu ihrer Bereicherung,
und Athens Finanzgeist beschützte sie bey ihrem Gewer=
be, weil er den Gewinn mit ihnen theilte.   Denn jeder
Andächtige, der eingeweiht seyn wollte, mußte eine Ab=
gabe bezahlen *).   Hatte man den Staat befriedigt, so
waren noch die Priester zu befriedigen.   Beyde Ausga=
ben waren so ansehnlich, daß es in den Augen einer
Buhlerinn ein großes Verdienst war, wenn ihr Liebha=
ber sie übernommen hatte; denn Buhlerinnen aus allen
Städten Griechenlands, vorzüglich aus dem üppigen Ko=
rinth fanden sich sehr fleißig ein — und aus Gelegen=
heit der nächtlichen Feyer pflegten sich so viel artige In=
triguen und verliebte Abentheuer anzuspinnen, daß die
griechischen Komiker hierinn eine unerschöpfliche Quelle des
Stoffes und der Verwicklung zu ihren Schauspielen fan=
den **).   Wer begreift es nun nicht, warum diese Ge=
heimnisse von dem schönen Geschlechte, das auch in Grie=
chenland den Namen des Andächtigen verdiente, so gerne
und so häufig besucht wurden? Luxus, Liebe, Aberglau=
ben, Spiel und Handel vereinigten sich, diese Andacht zu
                                                          ei=

*) Sainte Croix übersetzt von Lenz.

**) Der Stoff der Aulularia des Plautus ist aus ähn=
    licher Gelegenheit hergenommen. u. s. w.

einem angenehmern Unterhalte zu machen, als heut zu
Tage die berühmtesten Väder gewähren können! Präch=
tig geschmückt, in einem offenen Wagen sitzend, begleitet
von ihren Liebhabern, zogen die Damen an der Spitze der
Prozession einher *); ein ungeheuerer Zug belaubter An=
dächtigen folgte; Priester in ihrem ganzen mystischen Ap=
parat, mit Fackeln und Musik vermehrten die theatralische
Täuschung; der Gesang des Zuges ertönte und wieder=
hallte durch alle Thäler Attikas; neun Tage dauerte das
Fest — und was nur die Sinne reizen kann, schaffte der
spekulirende Kaufmannsgeist der Griechen her. Die Prie=
ster gaben dann gegen baare Bezahlung ihren Eingeweih=
ten die gewisseste Versicherung auf den Besitz des Him=
mels im künftigen Leben, wovon alle andern Menschen,
wenn sie auch wie Epaminondas tugendhaft, jedoch nicht
eingeweiht wären, ohne weiters in des Tänarus Schlün=
de verbannt würden **).

Es

*) Dieß geschah am sechsten Tage der Feyer der My=
sterien, wenn die Statue des Jachus eines Soh=
nes der Proserpina, aus Athen nach Eleusis
im feyerlichen Aufzuge getragen wurde. Saint-
Croix 4. Abschnitt.

**) Epaminondas als ein Thebaner war nie eingeweiht;
die Thebaner nämlich hatten ein Gesetz, welches
alle Geheimnisse und nächtliche Einweihungen ver=
both. Vide Sainte-Croix und Pauw.

Es ist sehr leicht einzusehen, daß diese Lehre, oft nicht Tugend, sondern eine theuere Ceremonie als ein unfehlbares Mittel der Seligkeit anpries, Schurken und Meineidige und Lasterhafte erzog! Als einst Diagoras von Melos ein Philosoph dieses öffentlich zu Athen behauptete, vergaßen zwar die Priester und Anhänger der Geheimnisse ihn zu widerlegen, aber sie versprachen ein attisches Talent *) dem zu geben, der ihn meuchelmörderisch umbringen würde. Sokrates wollte sich nie einweihen lassen; und diese Weigerung war einer der Vorwände, deren sich die gegen ihn erbitterte Parthey bediente, seine Religion beym Volke in Zweifel zu setzen. Als man den Diogenes einlud sich in den Bund der eleusinischen Mysten aufnehmen zu lassen, antwortete er ganz naiv: "Der berüchtigte Räuber Patäcis erhielt die Einweihung; könnte ich wohl glauben sein Schicksal nach dem Tode sey besser, als das des Epaminondas und Agesilaus, die nie um die Einweihung anhielten **)?,,

Von ähnlicher Art waren die andern Mysterien der Ceres und der Proserpina, als z. B. die Thesmophorien, eine Feyer der Weiber; eben so die mancherley Verehrungen des Bachus, als: die orphischen Mysterien und die zahlreichen Dionysien oder Orgien;

mit

---

*) Sainte-Croix und Pauw 2. B.

**) Man siehe: Meurs. Eleus.; Sainte Croix; Pauw Kecher.

mit dem Unterschiede, daß in die Mysterien der Ceres sich nur durch Mißbrauch und Ausartung die Ausschweifungen einschlichen; diese aber Ausgelassenheit und Schamlosigkeit heiligten und lehrten! Es wäre überflüßig von ihnen ein Wort zu sagen, nachdem man die Schilderung des römischen Geschichtschreibers von einer Gattung derselben gelesen hat.

Indessen sind die Laster und Schandthaten, die Livius diesem nächtlichen Gottesdienste vorwirft, so zahlreich und so ungeheuer, daß wir in Versuchung gerathen, zur Ehre der Menschheit an der Wahrheit der Sache zu zweifeln! Livius hat sich ohnehin dem philosophischen Beobachter durch mehrere Beyspiele der Leichtgläubigkeit und Uebertreibung verdächtig gemacht. — Diese Begebenheit jedoch ist nicht zu bezweifeln; sie fällt in die spätern Zeiten der Republik, wo ihre Geschichte schon eine entschiedene Zuverläßigkeit hat — überdieß ist das Senatus Consultum, oder das Gesetz, wodurch der Senat die Feyer der Bachanalien auf immer abschaffte, noch ganz bis auf unsere Zeiten gekommen *).

Daß aber Livius die Farben in dem Gemälde zu stark aufgetragen habe, ist eine nicht ungegründete Ver-

*) Es ist in Fabretti Sammlung alter Inschriften; den neuern Ausgaben des Livius ist es auch beygedruckt, wie z. B. der Drachenborfischen in 4to.

Vermuthung. Er übertreibt gerne! Livius, (sagt ein scharfsinniger Kenner der Alten und selbst groser Geschichtschreiber *) , schreibt die Geschichte als Redner, nicht als Philosoph; er bestrebt sich mehr zu gefallen, als zu unterrichten. Auch scheinen die Römer immer das Unglück gehabt zu haben, von den Religionsgesellschaften, die sich in ihrer Hauptstadt bildeten, übel unterrichtet zu seyn! Selbst der philosophische Tacitus kannte die Christen sehr schlecht.

Wenn man seine Beschreibung von ihnen liest, glaubt man da nicht den Livius von den Bachanalien reden zu hören? Vermischte man sie nicht stets mit den Juden **)? Sind es nicht die Verbrechen der Orgien, welche man dem verborgenen Gottesdienste der Christen vorwarf? Man lese den beredten Minucius Felix, der alle diese falschen Beschuldigungen sehr lebhaft erzählt. Kindermord, Menschenopfer, schwelgerische Gastmäler, Unzucht bey nächtlichem Dunkel und ausgelöschten Lichtern, blutschänderische Vermischung zwischen Bruder und Schwester, Sohn und Mutter wollte man in ihren geheimen Zusammenkünften entdeckt haben.

Soll=

---

*) Edw. Gibbons Versuch über das Studium der Litteratur, übersetzt von Eschenburg; ein kleines, aber mit viel Scharfsinn und Geschmack geschriebenes Werk.

**) Annal. XV. 44.

Sollte der Abscheu, den der Senat gegen den geheimen Bund der Bachusverehrer mit eben so viel Politik als Eifer zu verbreiten suchte, nicht zu mancher Vergrösserung und Übertreibung der Sache beygetragen haben? Es ist gewiß kein Vorzug der alten Historiker, daß sie nie ihre Quellen oder Gewährsmänner anzeigen; sie lassen uns bey ihrer meisterhaften Erzählung oft in Zweifel, ob wir sie für schöne Dichtung, oder Wahrheit halten sollen. Nie wissen wir, wie viel davon dem Verfasser und wie viel der Sache gehöre — und in dem sie die meisten übrigen Forderungen, die man an einen klassischen Historiker machen kann, so vollkommen befriedigen, vernachläßigen sie die erste und die dringendste — die Zuverläßigkeit und Beruhigung über die Aechtheit ihrer Quellen! Hätte uns Livius gesagt, woher er seine Erzählung geschöpft habe; so würde die Begebenheit bey der grössern Zuverläßigkeit ihres Details viel lehrreicher geworden seyn; sie liesse uns dann keinen Zweifel mehr übrig über die eigentliche Beschaffenheit wenigstens einer Art der Mysterien, über welche die Alten ein so undurchdringliches Dunkel verbreitet haben.

Es ist bekannt, daß der Senat jede Zusammengesellung der römischen Bürger mit der äußersten Eifersucht ansah; so konnten oft, auch noch in spätern Zeiten, selbst die nützlichsten Privatgesellschaften eine gesetzmäßige Bestättigung nicht erhalten *): jeder grössere versammelt

D 2 te

*) Ein Beyspiel davon findet man im Plinius Epist. X. 42. 45.

te Haufen erregte Mißtrauen und den Unwillen der Regierung, wie es der Konf. Poſthumius in der obigen Rede an das Volk ausdrüdlich ſagt. Kann uns noch das Erſtaunen und die Beſtürzung des Senats bey der Entdeckung einer religiöſen Geſellſchaft befremden, die ſo laſterhaft, ſo zahlreich und dennoch ſo ſchlau war ſeiner Wachtſamkeit zu entgehen? Nicht undeutlich läßt Livius in ſeiner Erzählung, ſo wie Poſthumius in der erwähnten Rede, die Furcht des Senats durchſcheinen, daß wohl der geheime Gottesdienſt eine Hülle ſeyn könnte, irgend einen gefährlichen Anſchlag auf die Freyheit der Republik zu verbergen und zu nähren! Vor dieſem graute es dem Senate; denn es bedurfte nur eines unternehmenden Kopfes zum Oberprieſter — und die Menge war für die öffentliche Ruhe höchſtgefährlich, zumal da ſie Religionsfanatiſmus erhitzte. Der Schreden des Senats iſt daher zu entſchuldigen; ſo wie der Abſcheu, den er auch aus Politik gegen dieſen geheimen Bund zu verbreiten ſuchte, der Klugheit gemäß war. Auch waren die Römer damals noch nicht ſo durchaus verderbt, ſo an Laſter gewöhnt, daß ein vortheilhafter Eindruck ermangelt hätte.

Unentſchieden bleibt es alſo, ob der römiſche Senat bey dem Verfahren gegen die Bachanalien, mehr Liebe zur Sittlichkeit, oder mehr behutſame Politik gezeiget habe.

Die Betrachtungen über die Sittlichkeit der Alten, die ſich bey dem Leſen des gegenwärtigen Fragmentes von

selbst

selbst anbiethen, werden wahrscheinlich nicht zum Vortheil
derselben ausfallen! Die Begebenheit ereignete sich noch
in den guten Zeiten der Republik, deren Biederkeit spä=
tere Schriftsteller mit den Farben goldener Jahrbunderte
geschildert und mit Sehnsucht zurückgewünscht haben. Und
doch — wie niedrig muß die Moralität des Volkes auch
damals gewesen seyn, da in kurzer Zeit zu Rom und in
ganz Italien ein solcher Gräuel so vielen Fortgang, so
viele Proselyten gewann? Mache man nun einen Schluß
auf die Zeiten der Kaiser, wo Tugend und Sittlichkeit
aus dem römischen Reiche entflohen waren! Welches Ver=
derbniß, welche moralische Nichtswürdigkeit mußte da die
Römer tief unter die verworfensten Völker herabgesetzt ha=
ben, da wir wissen, daß seit dem dritten punischen Krie=
ge ihre Ausartung mit Riesenschritten fortgieng?

Was hätte ein so kraftvolles Volk bey einer bes=
sern Religion werden können, da es bey der abgeschmack=
ten dennoch so manches Gute that? Die ungeformten,
starken Ausbrüche ihres Tugendinstinkts, durch die
Sittenlehre einer erhabenern Religion gebildet, würden
zu den schönsten Erscheinungen wahrhafter Tugend sich
verwandelt haben; ihre Thatenfolge hätte mehr Konse=
quenz und Uneigennützigkeit erhalten; sie wären nicht
bloß gute Römer, sondern auch gute Menschen geworden!
Kalte Bewunderung nur, die man jeder außerordent=
lichen Erscheinung giebt, nicht jenen schönen Zoll
der Tugend, Ehrfurcht und Liebe erzwingen von uns ih=

re

er Thaten. Es ist nur gewöhnlich historische Bürger:
größe , nicht moralische Vortrefflichkeit, die uns in ihrer
Geschichte so sehr imponirt! Der Boden war gut und
fruchtbar, aber der Saame und die Pflege schlecht; dar=
um gerieth die Pflanze Tugend nicht ganz!

Kann man sich noch wundern, daß ihre Größe so
bald dahin schwand? Ihr fehlte der feste Grund ächter
Moralität. Noth und Armuth, Kampf für die Existenz
und der republikanische Trotz erzeugte jene außerordentli=
chen Erscheinungen von Tugend: Reichthum, Sicherheit
und der Verlust ihrer freyen Verfassung brachten eben
so außerordentliche Laster und Verbrechen hervor!

Was half es also dem römischen Staate so sehr
an Ausdehnung zuzunehmen, da im gleichen Maaße die
innern Kräfte, die Tugenden der Bürger nicht zunahmen?
Seit den bürgerlichen Kriegen kränkelte er an Auszehrung,
bis er endlich — dieser ungeheure Koloß — in völli=
ger Erschöpfung zusammenstürzte!

Pilsen den 4ten Juni, 1793.

F. N.

III.

III.

Die heutigen Böhmen im Kriege.

Der Geist der Böhmen war von jeher kriegerisch. Sie verbanden Tapferkeit mit Klugheit, ohne welche die erstere nicht wirksam ist. Viele ihrer Feldherrn zeigten eine Größe, die denjenigen der Römer und Griechen in ältern Zeiten und der berühmtesten Heerführer aller Nazionen neuerer Zeiten das Gleichgewicht hält. Dieser kriegerische Geist hat sich bey den Böhmen bis auf die gegenwärtige Zeit erhalten. Die Geschichte der Kriege seit vielen Jahrhunderten beweiset dieses; und wem könnten die Thatsachen aus dem jüngsten Kriege mit den Türken unbekannt seyn, wodurch sie sich bey denselben auf eine rühmliche Art, und auf eine lange Zeit furchtbar machten? Wir wollen nun sehen, wie sich die Böhmen in dem gegenwärtigen Kriege mit den Franzosen benehmen.

Ich glaube von dem Zeitpunkte ausgehen zu müssen, wo der Böhme ins Feld zieht. Hier

fällt

fällt ganz natürlich jedermann der Umstand auf, daß die Regimenter, ich will hier das geringste behaupten, mehr als zur Hälfte aus noch ungeübter Mannschaft, die kaum ein volles Jahr diente, bestanden. So traten sie ihren Marsch an. Gesund, munter, freudig, streitbegierig, mit einem Herze voll Liebe für ihren König, und der Siege gleichsam gewiß, verliessen sie ihr Vaterland, und eilten durch ihnen unbekannte, an Klima und Lebensart so verschiedene Provinzen ihrem Standpunkte zu. Veränderung und steter Wechsel der Luft, die Dringlichkeit des Märsches, der durch Regen und Schnee, verdorbene Weg, (der Marsch geschah größtentheils im Herbste und Winter) die große Entfernung, alles dieses konnte ihren Muth, ihre Unverdrossenheit nicht mindern, und selbst ihrer Gesundheit nur wenig schaden *). Man

brang

*) Wir müssen bey dieser Gelegenheit der väterlichen Fürsorge unsers gütigen Monarchen dankbar gedenken, der für jeden auf dem Marsche befindlichen Mann in den Reichslanden die Kost baar bezahlen läßt, welche auf 15 kr. angeschlagen wird.

drang unaufhaltsam in das Innere des unglücklichen Frankreichs ein; damals glaubte man
noch hie und da Freunde der Ordnung, und der
guten Sache zu finden — aber leider! hatte
das schnellwirkende Gift schon zu sehr alle Theile des Staatskörpers angegriffen, und zu
schwach, einer gar nicht erwarteten Uebermacht
Widerstand zu leisten, auch um das Leben eines unglücklichen Königs zu retten, zog man
sich wieder zurück.   Doch konnte man wohl
von einem Volke, das Ordnung und jede bürgerliche Tugend schon unter die Füße trat, die
Erfüllung einer Zusage vermuthen? Kurz, das
Haupt des besten Königs fiel.   Bey diesem
Rückzuge, den Uebermacht und Menschlichkeit
räthlich machten, hatten die böhmischen Soldaten mit dem Feinde, den Elementen und allen
Bedürfnissen einen harten Kampf.   Aber ihre
Geduld, ihr beynahe unglaubliches Ausharren
in den empfindlichsten Widerwärtigkeiten konnte nicht besiegt werden.   Sie verachteten die
durchbringendste Kälte, das stürmischste Wet-
ter, den Mangel an Proviant und Kleidung,

und

und bey der in der Geschichte so merkwürdigen
Schlacht bey Genappe kämpfen 15000 k. k.
Soldaten, meistens Böhmen, gegen 80000
Franzosen, die von diesen nicht geschla-
gen, sondern nur zum Rückzuge genöthigt werden konnten, mit eben der Kraft, als wären sie
aus einer mehrjährigen ruhigen Garnison her-
ausgetreten. In einer Danksagung des k. k.
General F. Z. M. Fürsten von Hohenlohe an
seine braven Krieger, vom 9ten Oktober 1792
sagt er selbst: er sey stolz, Männer anzuführen,
auf die weder Elend, noch Gefahr, welchem
beyden sie in Champagne so sehr ausgesetzt waren, wirke. Der k. k. General F. Z. M. Graf
Klairfait bezeugt einen ähnlichen Fall. Bey dem
bekannten Zurückzuge aus Champagne wollte er
sich mit dem Herzoge Albert von Sachsen-Teschen
vereinigen. Indoppelten Märschen eilte er mit
seinem Korps, und erreichte Namur eher als
man vermuthete. Die Soldaten waren ermü-
det, er both ihnen Ruhe an, und foderte bloß
die weniger Abgematteten zum Fortmarsche gegen den Feind, der über Mons herzog, auf.

Aber

Aber in einem Augenblicke schwungen sie alle die Hüthe empor, es war nur eine Stimme — Marsch — Marsch! Die Regimenter, welche sich in diesem Feldzuge so wacker hielten, waren größtentheils aus Böhmen. Nämlich die Infanterieregimenter Hohenlohe, Fürst Kinsky, Stuart, D'Alton, Gemmingen, Brentano, die Kavallerieregimenter Koburg Dragoner, und Naßau Kuraßier.

Wir kommen nun auf den thatenvollen Feldzug des Jahrs 1793, in welchem die böhmischen Regimenter Brentano, Brechainville, Wartensleben, Dalton, Kallenberg, Kheul, Franz Kinsky, Michael Wallis, Stuart, Joseph Kolloredo, Hohenlohe und Gemmingen, das Dragonerregiment Koburg, dann die Karabinerregimenter Kaiser und Herzog Albert, neue Proben von allen möglichen militärischen Tugenden abgelegt haben.

Die Franzosen hatten sich den Winter hindurch in ganz Niederland ausgebreitet, und rückten bis in das Jülichische, und gegen das Köllnische vor. Sie verschanzten sich allenthalben

ben, und glaubten sich unüberwindlich. Allein
kaum waren die Truppenverstärkungen aus den
k. k. Provinzen, und besonders aus Böhmen
und Mähren angekommen, als der k. k. Feld-
marschall Prinz Koburg, der nun die Oberbe-
fehlshaberstelle erhalten hatte, am 1ten März
die Franzosen an dem Roerfluß angriff, sie aus
dem verschanzten Lager bei Locken und Herzogen-
rath schlug, aus Aachen vertrieb, Mastricht
entsetzte, Lüttich in Besitz nahm, und den Feind
aus Löwen, Brüssel, Mecheln, Antwerpen,
Mons, Namur und Gent vertrieb.   Uiberall
hatte sich der überlegene Feind mit einer Hart-
näckigkeit vertheidigt, die aber doch der unwi-
derstehlichen Gewalt der k. k. Trupen weichen
mußte.   So glaubte Dumourier, der französische Heerführer, unsere Armee bey Neerwin-
den am 18ten März übern Haufen zu werfen.
Sein Angriff war rasch, und er war uns in der
Artillerie weit überlegen, allein die k. k. Truppen scheuten weder Kanonen = noch Kleingewehr-
feuer, stürmten in den Feind mit dem Bajo-
nette, wurden zurückgedrängt, griefen wieder-

holt

holt an, und nöthigten ihn zur Flucht. Bey Rakour war der heftigste Streit. Dumourier focht mit 30000 gegen den k. k. General Klairfait mit 12000. Hier zeichnete sich das böhmische Regiment Kallenberg vorzüglich aus, da es dreymal angreifen mußte, bevor dasselbe den Feind aus einem Dorfe vertreiben konnte. Wie glänzend war nicht die Schlacht bey Famars am 24ten May, bey welcher unsere Truppen den Feind aus allen Schanzen und Redouten vertrieben, und wobey sich die Regimenter Kallenberg, Kheul, Michael Wallis, Brechainville, Wartensleben, Brentano und Stuart einen unvergänglichen Ruhm erworben haben? Und war es nicht eine Heldenthat, als der Oberste Millus mit einer Division von Michael Wallis, und einigen Scharfschützen dem 6000 Mann starken Feinde bey Popperingen und Neuseglise so lange widerstand, bis er sich ohne Verlust zurückziehen konnte?

(Wir gehen nun zu dem im Luxenburgischen unter den Befehlen des k. k. F. M. Lieut. Freyherrn von Schröder gestandenen Truppenkorps über, bey welchem sich auch eines

die

der böhmischen Regimenter, nämlich Franz Kinsky, und ein Bataillon von d'Alton befand. Schröder hatte in allem kaum 6000 Mann, mit welchen er dennoch die ganze Gränze vor allen Uiberfällen und Durchbrechen der dortigen Linie sicherte. In Arlon stand unser Magazin. Es war sehr beträchtlich, und daher dem Feinde sehr erwünschlich, da er daran Mangel litt. Er sammelte eine Armee von 26000 Mann, und rückte mit ihr am 14ten Juni an. Kein Wunder, wenn das schwache kaum 6000 Mann starke, und ausgedehnt gewesene schröderische Korps von dem Feinde ganz verschlungen worden wäre. Allein die nicht genug zu lobenden sehr kluge Anstalten des General Schröder, und die unbeschreibliche Tapferkeit und Standhaftigkeit der k. k. Truppen, und vorzüglich des Franz Kinskischen Infanterieregiments, dann des Joseph Kinskischen Chevaulegersregiments vereitelten des Feindes Wunsch. Diese zwey Regimenter hatten die äußersten Posten, und hielten den Feind so lange mit einer über alle Schilderung erhabenen Standhaftigkeit auf, bis das

Ma=

Magazin größtentheils in Sicherheit gebracht
war, und die tapfern Truppen sich endlich so
geschickt zurückziehen konnten, daß es der Feind
nicht nur nicht wagte, sie zu verfolgen, sondern
daß er selbst wieder in seine vorige Stellung
zurückgieng.

Wir ergreifen hier die Gelegenheit von der
persönlichen Tapferkeit eines unserer jungen
böhmischen Kavaliers zu sprechen. Es ist der
Rittmeister Graf von Kinsky, ein Sohn des Be-
sitzers der Herrschaft Chlumetz, Ferdinand Grafen von Kinsky. Zwey französische Jäger zu
Pferde, groß und wild vom Ansehen, mit langen Bärten, und großen Bärenmützen, die wie
junge Bären auf ihren Köpfen zu sitzen schie-
nen, ritten auf dem Grafen los. Mit einer
Geistesgegenwart, die nur den versuchtesten Krie-
gern eigen ist, und mit einer Gewandtheit und
Schnellkraft, die von seiner Geschicklichkeit in einem so ungleichen Kampfe zeigt, führte dieser
junge Held gegen die zwey Feinde zwey so kraft-
volle und geschwinde Streiche, daß sie beyde
todt von ihren Pferden stürzten.

Auch

Auch in den Gegenden des Oberrheins, wo bey den vereinigten Armeen verschiedene Bataillone der böhmischen Regimenter standen, hielten sie sich bey jeder Gelegenheit tapfer. Der König von Preußen rühmt ihre Standhaftigkeit und Tapferkeit in sehr schmeichelhaften Ausdrücken. Bey der Belagerung der Stadt Maynz diente auch das kallenbergische dritte Bataillon. Es zeichnete sich besonders aus; der Hauptmann Freyherr von Reitzenstein, ein alter, versuchter Kriegsmann von diesem Bataillon, machte sich der Aufmerksamkeit des Königs von Preußen durch seine muthige und kluge Gegenwehr würdig. Er hatte einen Posten mit einer Division (400 Mann) besetzt. Die Feinde rückten 1000 Mann stark mit Kanonen und Reuterey an, um ihn zu überflügeln, und dann einer preußischen Redoute, welche von vorne angegriffen wurde, in Rücken zu kommen. Diese Division bestand größtentheils aus böhmischen Rekruten aus dem brauner Kreise. Hauptmann Reitzenstein ermahnte sie den Posten nicht zu verlassen, und sich bis auf den letzten Mann

zu

zu wehren. Sie wären keinen Fußbreit gewi-
chen, sagt ein Augenzeuge, wenn man sie alle
erschlagen hätte. Sie hielten das Kanonfeuer
und das Anrennen der Kavallerie mit der er-
staunungswürdigsten Kaltblütigkeit aus, foch-
ten wie Löwen, und hielten den Feind durch
einige Stunden auf, so zwar, daß, da die von
vorne die gedachte Redoute angreifenden Franzosen abgewiesen wurden, auch diese von einer
einzigen Division aufgehaltene 1000 Mann mit
einem großen Verluste abziehen mußten. Das
nämliche Zeugniß geben den böhmischen Rekruten auch andere hohe und mindere Befehlshaber.
Er zieht sich nicht zurück, wenn er dazu nicht
befehligt wird, und vom panischen Schrecken
weiß er gar nichts. Endlich wenn man bedenket, wie wirksam die k. k. Reuterey, bey welcher ein nahmhafter Theil Böhmen eingetheilt
ist, bey jeder Gelegenheit gehandelt; wie au-
genscheinlich tapfer sie sich erwiesen hat: so theilt
sich auch hier dieser Ruhm den Böhmen mit.

Auch die Artillerie, wovon das F. M. Lieut.
v. Penzensteinische oder 1te Feldartillerieregiment,

E   dessen

deſſen Standort Böhmen iſt, größtentheils, die
übrigen zwey Regimenter aber auch guten Theils
aus Böhmen beſtehen, hat ſich dieſe in dem ge=
genwärtigen Kriege nicht wieder beſondere Ver=
dienſt erworben? So ſtehet auch bey den ver=
ſchiedenen Frey= und Jägerkorps eine Menge
freywillig angeworbener Böhmen, die, da ſie
meiſtens als Vorpoſten gebraucht wurden, auch
gewiß vorzügliche Beweiſe ihrer Tapferkeit ge=
geben haben.

Auch hier müſſen wir uns eines hoff=
nungsvollen jungen böhmiſchen Kavaliers,
des Hauptmanns vom lekoupſchen Jägerkorps,
Freyherrn von Ledebour erinnern. Er fiel in
den bekannten feindlichen Angriffen bey Menin,
Ypern und Kortryk am 7ten September. Er
widerſtand mit ſeiner Kompagnie lange Zeit der
feindlichen Uibermacht; er wurde verwundet,
hätte mit Ehren ſeinen Poſten für ſeine Perſon
verlaſſen können — doch er that es nicht — ließ
ſeine Wunde verbinden, trat zu ſeinen muthigen
Soldaten zurück, und in dem Augenblicke raubt
ihm eine feindliche Kartetſchenkugel ſein junges
Leben.   Die

Die Belagerung und Eroberung der wichtigen Festung Valenziennes gäbe uns vielen
Stoff von der besondern Tapferkeit der böhmischen Soldaten zu sprechen. Der Raum und
die Absicht dieses Aufsatzes erlauben aber nur
kurz zu sagen, daß man hier eben so tapfer als
standhaft zu Werke gieng. Der auf das große
Hornwerk am 25ten Juli Abends gewagte Sturm
beweiset dieses auf die ruhmvollste Art. Es waren
die Freywilligen von den böhmischen Regimentern
Wartensleben, Michael Wallis, Brentano, Brechainville und Kallenberg, welche dem unternommenen Sturme den glücklichsten Ausgang ver-
schafften.

Und nun noch ein Wort von dem bekannten Treffen, welches am 15ten und 16ten
Oktober zwischen dem Obserwazionskorps des
F. Z. M. Grafen von Klairfait, welches aus
15 bis 20000 Mann bestand, dann dem feindlichen General Jourdan, der eine Armee von
100000 Mann zum Entsatze der Festung Maubeuge anführte, vorfiel. Der Feind war an
Mannschaft und Artillerie überlegen, und be-

E 2   haup-

hauptete eine Stellung, in welcher unsere Reuterey gar nicht handeln konnte. Der Feind
glaubte damals sicher unser ganzes Korps übern
Haufen zu werfen, und grief es auf allen Seiten an. Hier ist es, wo die böhmischen Regimenter eine im strengsten Verstande unbeschreibliche, fast unglaubliche Tapferkeit bewiesen haben. Sie vertheidigten sich nicht nur bloß gegen eine zahllose Menge der Feinde durch volle
48 Stunden, in welcher Zeit weder an Speise,
noch an Schlaf zu denken war; sondern sie griffen den Feind selbst an, schlugen ihn hie und
da zurück, tödteten ihm 8000 Mann, und nahmen
ihm 30 Kanonen ab. Ein Bataillon Hohenlohe
(dessen Standort in Friedenszeiten die k. Kreis-
stadt Leitmeritz ist) hat sich besonders ausgezeich-
net. Es sollte den Feind, der ein Dorf mit
mehr als 4000 Mann besetzt hielt, vertreiben.
Es griff unter Vorantretung seines Obersten Baron Vasquez, eines im Kriege grau ge-
wordenen Offiziers, der vom Pferde abstieg,
an, und wurde mit Kartätschen und Kleinge-
wehr so hart mitgenommen, daß es in etwas

wei-

weichen mußte; aber so wie nur eine kleine Un=
terstützung kam, erneuerte es den Angriff, schlug
den Feind zurück, mußte aber endlich der Uiber=
macht weichen. Aehnliche Heldenthaten bewiesen
damals die Regimenter Brechainville und Mi=
chael Wallis, und unsere in Prag gelegene Gre=
nadierbattaillone Ulrich, Walsch und Attems
benahmen sich dabey überaus heldenmüthig.

Noch müssen wir uns hier des jun=
gen 16jährigen Grafen von Klebelsberg, ei=
nes Sohnes des böhmischen Oberstlandkämme=
rers, erinnern. Auch er war bey diesem harten
Kampfe; bot sich mit 30 Mann zur Bedeckung
einer Kanone an, drang mit ihr in das Dorf,
wurde sogleich verwundet, achtete dieses aber
nicht, setzte sein muthvolles Werk fort, und
fiel gleich nachher von zwey feindlichen Kugeln
getroffen, todt zur Erde.

S**er.

————————

IV.

IV.

Die Ritterromane.

Todtengespräch.

Minos, Menippus, ein ankommender
Schatten.

Minos.

Wer ist denn der hagere eingeschrumpfte Schatten, der dort aus Charons Nachen steigt? Beym Styr! die Menschheit muß schon bis auf die Hefen abgezapft seyn. Und wie er bey allem dem einherschreitet, als ob er den Tartarus noch tiefer hinabstossen wollte!

Menippus. Und wie er die Backen aufbläst, und wie er mit den Händen um sich haut! Ich müßte mich sehr irren, oder es ist ein Emigrirter, der noch in der Unterwelt mit den heutigen Dömagogen um ein Ordensband, oder einen Marschalsstab balgt.

Minos. Wer bist du Schatten? Rede!

Der

Der Schatten. Baß thät er schwingen mit nervigten Händen den blutverströmenden Flamberg, daß um ihn lichter ward der Tannenwald; die Nägel der Armschienen sprangen, und die zerbläuten Helmsturze tönten. Ach nun ist mir leicht, die Szene hebt das ganze Stück, das muß wirken!

Minos. Ist der Kerl ein Narr, oder hat er seit den Kreuzzügen in irgend einer Höle der Oberwelt geschlafen?

Der Schatten. Kreuzzüge? Ins heilige Land? Wo männiglich auszog von seiner Burg unter Doggengeheul und Krächzen der Käuzlein, und auf wiehernden Gäulen wallen thät zur Urstätt des — —

Menip. Daß du nie zu der deinigen gewandert wärest, unverständlicher Schwätzer, oder schon der Lethe bis auf den Grund ausgesoffen hättest!

Minos. Wer bist du Schatten? Gieb Antwort!

Der Schatten. Kaum weis ich es selbst noch, wer ich itzt bin, so unmächtig und elend

kom-

komme ich mir vor; so neu und tragisch sind
alle Gegenstände um mich. Vor wenig Stunden — wie so ganz anders! — war ich
ein Mann, der mit einem Federzug ein ganzes
Heer aufsitzen, mit seinem Jawort Festen er-
stürmen, Dörfer und Städte verbrennen, Menschenblut in Strömen fließen machen konnte.

Minos. Du warst also ein Eroberer?

Menip. Irre dich nicht Minos, seine
Heere und seine verbrannten Städte standen wohl
nur auf dem Papier, sein Menschenblut ließ
er nur in Strömen von Buchstaben fließen. Er
war ein Schriftsteller, wie mich dünkt.

Minos. Nun dann sey es ihm erlaubt
weiter zu reden.

Der Schatten. Ja ein Schriftsteller war
ich, ein berühmter, allbeliebter Schriftsteller,
ein Genie, dessen Allkraft das menschliche Herz
wie ein Gott beherrschte, der in seines Vermögens Hochgefühl alle Leidenschaften bis auf ihren höchsten Zenith hinauftreiben, und wieder
bis zu ihrem tiefsten Nadir hinabschleudern
konnte.

Mi-

Minos. Derley Wundermänner kommen zwar seit einiger Zeit schaarenweise bey uns an; aber laß doch hören, in welcher Gattung der Schriftstellerey du so ausnehmend groß warest; auf welches Fach du vorzüglichen Fleiß, und besonderes Nachdenken verwandtest?

Menip. Als ob itzt ein Genie auf Erden Nachdenken und Fleiß nöthig hätte, um ein Genie zu seyn.

Der Schatten. Eigentlich verbreitete sich mein Geist auf alles menschliche Wissen; aber doch legte ich mich vorzüglich auf Geschichte.

Minos. Nun, um die zu schreiben, erfodert es freylich nicht gemeine Seelenkräfte, und, wie noch neulich unser Thuzidides und Tazitus behaupteten, vor allem einen gesunden hellen Verstand, um nicht Wahrheit mit Lügen zu vermengen, und immer richtige Folgerungen aus oft unbedeutend scheinenden Thatsachen zu ziehen.

Der Schatten. Mit diesen unbedeutenden Thatsachen hab' ich mich aber auch nicht abgegeben. Das sind abgeschmackte trockene Kleinigkeiten, bey denen einen das Gähnen

an-

ankömmt. Dafür habe ich, so zu sagen, der
Geschichte ein ganz neues Gewand, ein höheres
Interesse gegeben, ich habe die Thatsachen ge-
ordnet, wie ich sie haben wollte.

Menip. Du hattest also einen wichtigen
Einfluß auf die Begebenheiten deiner Zeit? Warest Beichtvater, Günstling, Pensionär an einem
oder mehreren Höfen? Kanntest die geheimen
Mittel alle, denen man sich bedient, gewisse Pläne auszuführen oder zu hemmen?

Der Schatten. Du machst mich lachen
mit deinen albernen Fragen. In die Geschichte meiner Zeit hatte ich als Politiker nicht nur
keinen Einfluß, ich bekümerte mich auch um sie
nur insofern, als sie mir Brod und Papier theurer machte. Welcher Mann von Talenten möchte sich mit diesem Chaos abgeben? Ich bear-
bittete eigentlich die Geschichte des Mittelalters,
da war ich recht zu Hause.

Minos. Des Mittelalters? Du meinst
doch jene Zeit vor vier und mehreren Jahrhunderten nach eurer Erdenrechnung, wo, wie ich mich
noch sehr wohl erinnere, kein Tag vorbeygieng,

der

der nicht unsern Tartarus mit ganzen Haufen
verstümmelter Seelen bevölkerte?

Menip. Insoweit jenes Mittelalter Ver-
bindniß besserer Zeiten war, beut es freylich
dem denkenden Geschichtforscher ein weites Feld
zu Betrachtungen an, und zweifelsohne wirst
du nicht vergessen haben, die stufenweise Ent-
wicklung eures Verstandes in euren häuslichen, politischen und religiösen Verhältnissen
zu bemerken. Aber bey allen dem begreife ich
nur nicht, wie es dir möglich war, die Thatsachen so zu ordnen, wie du sie haben wolltest?

Der Schatten. Ich sehe wohl, ihr seyd
mit der Modelektüre unserer Zeiten völlig unbekannt, und überhaupt sehr altväterisch gesinnt; so kalten Wesen ist das aber auch zu ver-
zeihen. Höret dann, ich will euch erzählen,
worinn eigentlich meine Bearbeitung der Geschichte des Mittelalters bestand! Tag und Nacht
wühlte ich mit unermüdetem Fleiße in den be-
staubten Chroniken, Legenden, Historien, oder
ich ließ mich zu der Hefe des Volkes nieder, besuchte die Schenken und Spinnstuben, und lausch-
te

te den Sagen, Erzählungen, Mährchen der grauen
Vorwelt, die sich in mündlichen Uiberlieferun=
gen fortgepflanzt hatten, — und das nannte ich
in meiner Manier, auf die Jagd ausgehen —
bis ich eine recht heroische Ritterthat, eine
auffallende Pfaffenbosheit, oder einen schlauen
Liebeshandel irgend eines Fräuleins gefunden
hatte. Mehr brauchte ich nicht um aus diesem
Stückwerk ein gegründetes Ganze zusammenzu=
fügen, das allen unsern jungen Herren den Kopf
verrückte, und unsere Mädchen auf Nadel und
Küche vergessen machte.

Menip. Die lieben zärtlichen Mädchen!
Für solche Leser konntest du allerdings deiner
Geschichte ein neues Gewand, ein höheres In=
teresse geben. Aber da du einmal im Beken=
nen bist, und überdieß vor des weisen Minos
Richtstuhl kein Läugnen dir nützen möchte: so
erkläre uns doch umständlicher, wie du das an=
fiengest?

Der Schatten. Das sind freylich Schrift=
stellergeheimnisse, die man nicht gern profanen
Ohren anvertraut; da aber hier die Ritterro=
man=

mane eben nicht Modeton scheinen, so will ich
aufrichtig seyn.

Menip. Ehe du fortfährst, bist du uns
die Erklärung eines Wortes schuldig, wovon
wir eigentlich noch keinen deutlichen Begriff haben. Was ist ein Roman?

Der Schatten. Eigentlich ist ein Roman,
ein Roman ist eigentlich eine Erzählung von
Etwas, das nicht geschehen ist, aber doch hätte geschehen können, und in solchen Romanen
habe ich die Geschichte bearbeitet.

Menip. Beym Pluto! Allerliebst. Der Modeton unter den heutigen Lesern ist also, zu wissen was nicht geschehen ist, und die Kunst der
Schriftsteller, eine Begebenheit, die geschehen ist,
anders geschehen zu machen. Aber fahre nun
fort.

Der Schatten. Hatt' ich einmal ein Su-
jet gefunden: so war nichts wichtiger als schick-
liche Namen meinen handelnden Personen zu geben, und ich gesteh' es euch, die kosteten ge-
waltiges Kopfbrechen; aber dafür hatt' ich ge-
sorgt, und mir einen ziemlichen Vorrath zusam-

men-

mengetragen, z. B. Eberhard der Rauschebart,
Uffo von Wildungen und Jutta von Sturmbach,
Kunegunde von Rabensberg, Ludwig der Ei-
serne. Ihr merkt wohl, daß schon in jedem
dieser Namen ein Karakter und eine ganze Geschichte liegt.

Menip. O ja, wie der Esel in der Haut,
und der Verstand im Titel.

Der Schatten. Es blieb nun noch die
Anlegung des ganzen Stücks, die Verwicklung
übrig, und das war eigentlich das leichteste.
Ich wußte z. B. daß es in jenen Zeiten Lehn-
gerichte, Turniere, Burgen, Einsiedler, Klöster,
u. s. w. gab, diese wohl untereinander gemengt,
im Hintergrunde ein Kreuz, einen Todtenkopf,
einen Kerker hingestellt, das Ganze mit der
Kernsprache jener Zeiten übertüncht, tüchtig mit
Blut begossen, und mit Helmen, Humpen,
Armschienen und Doggen eingefaßt — das gab
ein Gemälde!

Menip. Worüber die lieben Mädchen
Nadel und Küche vergaßen.

Der

Der Schatten. Ach, wenn ich denke, welch ein Meisterstück ich unvollendet ließ! Wie mich, eben da ich von der Begeisterung Feuerstrom hingerissen, die frappantaste Szene des ganzen Stückes ausmalen wollte, wie mich da der Tod überraschte!

Menip. Darum blies das Genie die Backen so gewaltig auf, da er aus Charons Rachen stieg. Wer hätte glauben sollen, Minos, daß er an einem Ritterroman erstickt sey! Schade, daß du dieß tragische Abentheuer nicht noch in einer Sage anbringen konntest, das würde eine frappante Szene gegeben haben.

Minos. Ich table nur, daß es ihm nicht früher und nicht seiner ganzen Zunft zugleich begegnet ist. Aber du, dem seine ungeschehenen Geschichten das Leben gekostet haben, erkläre uns doch, welchen Zweck du damit zu erreichen suchtest! Denn den soll, so wie jeder Mensch, der seine Kräfte in Thätigkeit setzt, vor allen der Schriftsteller haben.

Der Schatten. Der Zweck meiner Arbeiten war in Beziehung auf mich — Selbsterhaltung. Me-

Menip. Und bist darüber erstickt?

Der Schatten. In Beziehung auf das Publikum war es Vergnügen und Nutzen. O! ihr hättet die Wunder sehen sollen, die ich wirkte; wie man meine Ritterstücke verschlang, wie man sich in die vergangene Zeiten des Heldengeistes hineinfantasirte!

Menip. Und aus der Gegenwart heraus!

Der Schatten. Wie so unter jungen Leuten eine gewisse Kernsprache, eine unschuldige Schwärmerey Mode ward; jede Schenke hatte ihre Tafelrunde, der Bierkrug wurde zum Humpen, der Hut zum Helm, und gutwillige Mädchen zu edlen Fräulein. Da konnte man keinen Wald, keine Burg mehr sehen, ohne sie mit Rittern und Lanzen zu bevölkern — ja die ganze Natur gewann an Interesse.

Menip. Freylich, die Natur wie sie war, konnte eben so wenig, als die Geschichte, wie sie war, für die jungen Leute deines Jahrzehends Interesse haben, es liegt zu viel Einfalt darinn.

Der Schatten. Und erst der Nutzen! Der war unbeschreiblich. Diese Züge von Größe,

die

die das Mittelalter aufzuweisen hat, welche
Schwungkraft gaben sie durch meine Feder dargestellt, meinen entnervten Zeitgenossen! Wie viel
Helden hab ich gebildet! Wahrhaftig Helden,
die noch im Milchbart alle die Empfindungen
von Lebensverachtung und Ruhm der Tapferen
eingesogen hatten, und auf den Augenblick mit
Sehnsucht warteten, wo sie sich wie die Riesen
der Vorwelt, in die bepanzerten Schaaren der
Feinde mit dräuenden Schwertern stürzen
konnten.

Menip. Er sagt keine Lügen Minos! Denn
wie mir Merkur erzählte, fand man sogar die
zierlichen Degen dieser heroischen Milchbärte in
Ritterromane eingepackt, und noch neulich brachte ein Mädchen dem Charon ihren Obolus in
ein Papier gewickelt, worauf, ich weis nicht,
welcher ritterliche Zweykampf abgebildet war.

Minos. Ich sehe leider, daß diese Romane unter einem großen Theil der Menschheit
epidemisch wüthen. Wird denn dieß Geschlecht
nie durch sein Unglück weiser? Ist es ihm nicht
genug, die Thorheiten seines Jahrhunderts zu

II   F   durch-

durchlaufen; muß es sich noch die, der vorigen, verfälscht, und im Gewand der Liebenswürdigkeit zurückführen, um vor ihnen niederzufallen? Du rühmst dich Helden gebildet zu haben? Kurzsichtiger! und wußtest nicht, daß das die Menschheit aufhalten heißt? Daß eure Verfassungen, der Gang der Aufklärung, und die Besseren unter euch einstimmig darauf losarbeiten, den Krieg, diesen Sohn der Barbaren, gänzlich zu verbannen? Daß es endlich Zeit ist, nicht eure Brüder, sondern eure Vorurtheile zu bekriegen, und daß es dazu mehr Heldenmuth, und Kraft ihn zu wecken bedarf, je schwerer es ist männlich zu leben, als im Rausche der Leidenschaften muthig zu sterben?

Menip. Nimms nicht so ernsthaft, lieber Minos; im Punkt der Heldenfabrizirung ist der arme Teufel gewiß unschuldiger, als er glaubt, und hat er ja einen oder den andern zum Narren gemacht, ich wette meinen Knotenstock, er kann dafür ungleich mehr Gutes aufzeigen, das seine Werke gestiftet haben.

Der

Der Schatten. Spotte nicht Kahlkopf, du würdest nur verrathen, wie wenig du mit des Mittelalters Genius vertraut seyst? Oder wann galten Biedersinn und Treue mehr, als dazumal, wann war man geselliger, froher, großherziger? Wann männliche Thätigkeit und ein gewisser edler Stolz allgemeiner?

Menip. Du wolltest sagen: adelicher Stolz.

Der Schatten. Wann gab es züchtigere Mädchen, enthaltsamere Jünglinge, gehorsamere Kinder, treuere Gatten? Wann waren die Sitten reiner, die Begierden einfacher, und die Menschen überhaupt so voll Gefühls ihrer Kräfte? Ich nenne dir nur die Vehmgerichte, diese geheimen Versammlungen der Weisen und Guten im Volke, deren großer Zweck Züchtigung des Lasterhaften und Verbreitung der Wahrheit war? Ich möchte jene Zeiten, das goldene Zeitalter, den Lenz der Menscheit nennen, so üppig hob sie sich mit tausend Aesten empor. Verdiene ich also nicht gerechten Beyfall die schönen Handlungen jener Zeit dargestellt, und

F 2

mein

mein, verderbtes Jahrhundert dadurch ermuntert zu haben, auf diese Art tugendhaft zu seyn?

Minos. Nein sage ich dir; die itzigen Menschen sollen und können nicht auf diese Art gut seyn, als ihre Voreltern; sie leben unter andern Verhältnissen und Verbindungen, sie haben andere Meynungen und Bedürfnisse; die Blume des Lenzes, wie du sagst, kann nicht im Sommer blühen, und all das Verderbniß des itzigen Jahrhunderts ist mehr werth, als jene gepriesene Tugend. Und zudem, Tugend ist nicht eine Handlung, sondern Zustand. Selbstbesserung, und diese ein weit zu wichtiges und ernsthaftes Geschäft, um in entnervten karakterlosen Menschen das Bedürfniß darnach durch ein Buch zu wecken, über das sie aus Langeweile, und gerade deßwegen herfallen, um nicht den Blick in sich selbst kehren zu dürfen; Menschen, die kalt und abgemattet genug sind, daß sie von jeder noch so schön und treffend dargestellten Handlung das Verdienst des Schriftstellers selbst im Augenblicke ihrer höchsten Spannung abziehen können.

Me=

Menip. Uiberhaupt scheint es mir, hat dieser Wundermann ganz andere Begriffe von dem Mittelalter und seinen handfesten Vorfahren, als mit der Wahrheit bestehen kann. Wie wär's Minos, wenn du ihm einen oder den andern aufführtest, der ein recht genauer Abdruck des Geistes seiner Zeiten war?

Der Schatten. O! thue das strenger Herr Minos; als ich meine irdische Hülle verließ, in dem letzten Augenblicke war dieß mein einziger Trost, daß ich mich nun zu dem Helden der Vorzeit geselle, unter ihnen wandeln, und aus ihrem Munde ihre Großthaten hören werde.

Minos. Eumeniden! gebt mir einen der Gepanzerten los, die rechter Hand von Ixions Rade liegen, und eine so holprige Sprache reden, die Breitgeschulterten meyn' ich, die aus dem Lethe nicht getrunken haben. Hört ihr?—

Menip. Du warst bey allen dem ein spaßhafer Maler, Freund Genie! Zuerst machst du Kopien, und hintendrein schaust du die Originale an, ob sie Aehnlichkeit haben. Sieh da,

un=

unser Mann! Beym Stix! ein leibhaftiger wan-
dernder Thurm, der Danae. So verschlossen ist
die Maschine von allen Seiten.

(Ein Ritter tritt auf).

Was stehst du denn so verblüft da? mache doch seine Bekanntschaft, frag' ihn, wer er
ist, wie er sich nennt, und dergleichen mehr.

Der Schatten. Hier wirst du wohl thun,
wenn du schweigst Großmaul! Ich weis es zu
gut, daß es nicht Sitte ist, einen edeln Ritter
vor dem dritten Tag der Bekanntschaft um Namen und Heerschild zu fragen.

Menip. So wirst du ihm doch wenigstens
um den Hals fliegen, und ihm deine Freude
bezeugen, ihn zu sehen.

Der Schatten. Ha ha, ha! das sind Ana-
chronismen. (Er geht dem Ritter mit ausgestreck-
ter Hand entgegen) Gott grüß euch edler Ritter! — Auweh! meine Hand! Höllenfeuer wü-
thet brinn — gnädiger Minos! ich bitte, ich be-
schwöre dich, laß diesen Unhold in sein Verließ
zurückkehren, er ist ganz Glut und Hölle.

Mi-

Minos. Sollst schon näher mit ihm
bekannt werden, sollst mit ihm wandeln, und aus
seinem Munde die Großthaten hören, die dich
begeistert haben. (zum Ritter) Du Bursche laß
nach mit Heulen, und sag' uns, wer du in der
Oberwelt warst, durch welch ein Leben du dein
ißiges Loos verdientest.

Der Ritter. Hu! leid' ich nicht der Qua-
len genug von fremder Hand, muß ich noch mit
selbst zur Furie werden? Alles, nur die Hölle
nicht, steht unter dem Zepter der Zeit, daß sie
endlich einmal mit heilendem Finger eine der
Wunden berühre, die mich brennen, eines der
Bilder aus meinem Gedächtniß lösche, die es
mir zur zweyten Hölle machen. Höret denn:
Ich war ein Ritter — o dieß Wort faßt alle
Bübereyen in sich — Aufruhr und Strassen-
raub waren mein Handwerk; weinende Gatten
und Kinder, zerfleischte Körper, lodernde Städte, meine Augenweide; Hochmuth und Troß,
rohe Sinnlichkeit und Tyranney, mein Karakter;
Krieg mit Thieren und Menschen mein einziges
Geschäft. Im Lande zog ich umher mit meinen

Rei-

Reisigen und scheuchte die Hirschkuh von ihrem
Lager auf, oder den schwächeren Nachbar aus den
Armen seiner Kinder; tagelang lag ich auf den
Heerstraßen, und lauerte des unbewehrten Rei=
senden oder des friedlichen Kaufmanns, schlug
ihn todt, raubte ihm seine Waaren, und schlepp=
te sie auf meine Felsenburg, und dieß hieß da=
mals ein Recht, und erbte als Standesvorzug
auf meine Kinder fort. Unglücklicherweise war
ich nicht allein ein solches Ungeheuer, meine
ganze Zunft belebte der nämliche Geist; den
menschlichern Mann unter uns, den verspotte=
ten wir, verfolgten ihn, jagten ihn zum Lande
hinaus; wider den gütigen, friedliebenden ge=
rechten Fürsten empörten wir die Fahne des
Aufruhrs; seine bessere Pläne für das Wohl
des Ganzen scheiterten an unserer Habsucht und
Zügellosigkeit. Unschuld und Tugend, Sicher=
heit und Eigenthum hiengen am Schwerte.
Bey unsern Gelagen, die wir in der Mitte ei=
nes rußigen Sales um ein Feuer versammelt
hielten, und wobey, wie ihr denken könnt, nichts
als das Uebermaß von Speise und Trank un=

sre

sre groben Seelen kützelte — da entstunden die meisten Zwistigkeiten, und augenblicklich ward der Fehdehandschuh hingeworfen.

Menip. Wie? Hattet ihr denn keine Liebe zum Leben, daß ihr so begierig jede Gefahr suchtet es zu verlieren?

Der Ritter. Du darfst dir diese Gefahr nicht so groß vorstellen; denn einmal hatten wir von Jugend auf die Waffen zu führen gelernt, und dann waren wir vom Kopf bis zur Ferse im Eisen geschlossen, daß nicht leicht das Schwert durchdrang; ja es gab große Schlachten, worinn oft kaum ein einziger Ritter fiel. Unsere Knechte und Vasallen trugen eigentlich alle Uibel des Krieges; minder geschickt, schlecht bewaffnet, waren sie das Wild, das wir uns zur Lust hetzten; so oft es uns beliebte, mußten sie bey Verlust ihres Lebens aufsitzen; ob ihre Aecker unbesäet blieben, ihre Erndte zu Grunde gieng, ihre Hütte einstürzte, kümmerte uns wenig, und wenn wir den Schweis ihres Angesichts, die Erstlinge ihrer Früchte auf unsern Burgen aufzehrten, sahen wir auf sie wie auf eine niedri-

gere

gere Menschenart herab, und hielten das Leben
eines Rosses ungleich höher als das Ihrige.
Und das alles von Rechtswegen; sogar hatten
wir ein Recht auf die Erstlinge jungfräulicher
Unschuld bey den Vermählungen dieser Unglücklichen.

Minos. Also habt ihr Menschen auch
das Laster privilegirt? Oder barbarischen
Anmaßungen! Aber wie stand es denn um eure
häusliche Glückseligkeit?

Der Ritter. Als ob wir die je gekannt
hätten! Wir genossen die Mädchen und Frauen
unserer Vasallen, und unsere Weiber entschädig-
ten sich in den Armen geiler Mönche, wovon
das Land wimmelte, und denen wir dafür ihre
Weinkeller plünderten, und unsere Söhne gaben, damit sie sie dumm erzögen, oder in die
Kapuze steckten. Ich hatte ein edles Weib, mit
unerschütterlicher Treu hieng sie an mir, aber
ich verhärteter Bösewicht ihrer überdrüßig und
lüstern nach ihrem Vermögen, klagte sie des Ehe-
bruchs an, sie wurde zur Feuerprobe verurtheilt,
die ihr, wie natürlich das Leben kostete.

Me-

Menip. (zu dem Schatten) Hast du deine Schreibtafel nicht bey dir, um dir diese schönen Züge aufzeichnen zu können? Das müßte Gemälde der Vorwelt, und Sagen der grauen Vorzeit, und Szenen aus dem goldenen Zeitalter geben! Aber dieser da rühmte eure Offenherzigkeit, eure Treue so sehr, du wirst uns am besten sagen können, in wie fern ihr dieß Lob verdienet.

Der Ritter. Ja wohl, selten haben wir unser Wort gebrochen, allein wir gaben es uns nur, daß wir sengen und schlachten, und unterdrücken wollten; jeder Handschlag war beynahe ein Signal zu Fehden. Das ist lange nicht das Schlimmste. Aberglauben und Raubbegier machten mich zum Kreuzfahrer, ich zog nach Asien, und hier war es, wo ich in heiliger Wuth jede Grausamkeit zu verüben, jedes sanfte Gefühl mit Füssen zu treten, in Wollust und Zügellosigkeit mich herumzuwälzen mir erlaubte. Ich würde nicht fertig werden, wenn ich euch alle die Gräuel erzählen sollte, die mich des Flammenpfuhls würdig machten; nur noch Eines –

Ich

Ich war auch ein Beysitzer des Vehmgerichts,
ach! Der fürchterlichsten Anstalt des Fanatism,
die je auf Erden war. Karl der Große hieß
es, hat sie gestiftet, um jene, die seiner Reli=
gion nur zum Schein zugethan waren, auszurot=
ten; in der Folge stempelte die Barbarey ihres
Ursprungs, und die Ungerechtigkeit ihrer Ein=
richtung jeden ihrer Schritte, und wer es wag=
te sich durch Menschlichkeit oder Wahrheitsdurst
über sein Jahrhundert zu erheben, wer dem Aber=
glauben oder der Anarchie im Wege stand, wur=
de durch dieß im finstern schleichende Gericht aus
dem Leben gestohlen.

Menip. He du Schreiber! den Druck=
fehler mußt du in der nächsten Ausgabe deiner
Werke berichtigen.

Minos. Ha! sie sollen ihm auf seinem
Rücken eingebrannt werden! Elender Skribler!
solche Sitten waren es, die du als rein und ta=
dellos, solche Handlungen, die du als groß und
nachahmungswürdig aufstelltest? Diese Kerle
ihre Humpen füllen, Bankette nnd Turniere ge=
ben, wie Löwen fechten und siegen zu lassen, mag

frey=

freylich, unterhaltend für deine Leser gewesen seyn;
aber wer gab die Kosten zu diesen Schauspielen? Wieviel Schweis vergoß die arbeitende
Klasse, daß ein abenteuerlicher Ritter in seiner
schimmernden Rüstung sich brüsten, und es wagen
konnte, gegen die Wünsche von Tausenden und
die Anstalten eines weisen Monarchen die Ruhe des Landes zu stören? Wieviel Blut wurde
verspritzt um einen sogenannten Helden zu bilden? derley Betrachtungen lagen freylich nicht
in deinem Gesichtspunkte: dafür bediengst du
jenes fürchterliche Gerippe der Barbarey mit
Flittergold und Schnörkel, bedektest sein Tiger-
herz mit dem Harnisch, und seine Hyäuenmine
mit dem Helm—wurdest Lügner, und machtest
Narren. Heißt das Geschichte bearbeiten?
Oder war es möglich, daß eine Tugend, wie
die Menschen sie nun nöthig haben, auf jenem
wüsten Boden unter jenen Verhältnissen und
Kollisionen gedeihen konnte? Hat die Zeit, da
ihr auf einer niedrigern Stuffe der Kultur stan-
det, hat die so viel Anziehendes für euch, daß
ihr sie von allen Seiten aufputzt, um sie zu
bewundern?　　　　　　　　　　　Der

Der Schatten. Du darfst nicht glauben, daß ich mich bloß auf Darstellung schöner und großer Handlungen beschränkt habe; wie trocken würde diese Lektüre geworden seyn? Ich habe auch das Laster in seinen geheimsten Schlupfwinkeln aufgesucht, und es in seiner hassenswürdigsten Gestalt gemalt. In meinen Werken spielen ritterliche Bösewichter; und vorzüglich scheinheilige, geile, habsüchtige Pfaffen, Giftmischer und Meuchelmörder, oft die wichtigsten Rollen — Rollen, die Haare emporsträuben, und alle Nerven erschüttern.

Menip. Dawider wirst du doch nichts einzuwenden haben, Minos? Ich wundere mich nur, daß seine zartfühlenden, feingestimmten Leser und Leserinnen, denen ein geschlachtetes Huhn, wie man hört, Ohnmachten zuzieht, derley haaremporsträubende Geschichten mit Vergnügen lesen konnten?

Der Schatten. Mit Entzücken mußt du sagen: Ach! es hat mich genug Anstrengung meiner Einbildungskraft gekostet, nicht unter ihren Wünschen zurückzubleiben; und sie weidlich mit Blut und Hirnmark zu füttern.

Menip. Wehe! Wehe dem guten Ge=
schmack!

Minos. Und seinen Henkern. Diese Ver=
brechen, entweder selbst erfunden, oder aus ihrer
Verbindung mit dem Ganzen gerissen, darge=
stellt ohne ihre Quellen und weitereingreifende
Folgen, verbreiten ein kleinliches, beschränktes
Urtheil von der Bestimmung des Menschen, ei=
nen ungerechten Haß des ganzen Geschlechts
oder eines beträchtlichen Theils desselben, und
jene erniedrigenden Begriffe von seinem morali=
schen Werthe, die zu Mißtrauen gegen andere,
und zur Muthlosigkeit bey großen seelenerheben=
den Unternehmungen führen. Das Werk der
Geschichte war es, den Geist jener Zeiten treu
und wahr zu schildern, zu zeigen, unter welchen
Verhältnissen dieser Irrthum, jene Bosheit ent=
stehen konnte und mußte, wie Verfassung und
Sitten ihn beförderten; wie schnell oder wie
verderblich er seine Periode durchlief, wie er sei=
nen eigenen Untergang in sich trug, und end=
lich auf eine Wahrheit, auf eine Tugend führte.

Der

Der Schatten. Weiser, gerechter Minos! Wie war ich dieß bey meinen Fähigkeiten im Stande, und wenn ich es gewesen wäre, wie wenige würden eine solche Schrift gelesen haben? Ich mußte schreiben, was mein Publikum und mein Verleger foderten, wenn ich leben wollte. —

Minos. Nichtswürdiger, so war es besser nicht zu leben. Ich begreife wohl, daß, wie die Angelegenheiten der Menschen nun stehen, Verhältnisse und Rücksichten einen Schriftsteller zuweilen nöthigen können, seine bessererkannte Wahrheit nicht laut werden zu lassen, ja selbst einen Irrthum durch scheinbaren Beyfall zu schonen; aber an der Sache der Menschheit zum Verräther werden, neue Schlingen stricken, den Verstand zu fesseln, der Schwärmerey ihre Herrschaft sichern, und der Barbarey das Wort reden wollen, solche Verbrechen leiden keine Entschuldigung. Jede Qual der Hölle sey deine Gesellschaft und mehr als alle diese peinige dich die Erinnerung des Unglücks, das du auf deine Zeitgenossen gebracht hast.

Me-

Menip. Erlaube Minos, daß ich sein
Fürbitter werde. Wenn auch seine Schriften
sonst nichts Gutes wirkten, als daß sie einige
Menschen gewöhnten zu lesen: so hat er sich
dadurch schon ein Recht auf Milderung seiner
Strafe erworben.

Der Schatte. O der grausamen Rezen-
senten des Tartarus!

Minos. Es sey darum. Er trinke von
dem Lethe Abekto! Schleppe den gepanzerten wieder weg, und füge diesen Neuangekommenen zugleich an seine Kette. — Da seh' ich schon wieder eine Schaar ans Ufer springen.

Menip. Ich bin des Konfrontirens satt,
und mag wenigstens so lange nichts von der Oberwelt wissen, bis die Ritterromane zu spucken
aufgehört haben.

———

II G V.

V.

Rede bey der Todtenfeyer Leopold des Zweyten, gehalten am 28ten März 1792, in der Kapelle des prager kön. kleinseit= ner Gymnasiums.

Nachricht von der Veranlassung derselben.

Die Bildung patriotischer Gefühle ist eines der heiligsten Geschäfte der öffentlichen Schu= len. Das prager kleinseitner Gymnasium hat nie eine Gelegenheit unterlassen in ihren Zög= lingen solche zu erwecken. Der Verlust eines Monarchen ist eine von den Gelegenheiten, wel= che die öffentlichen Schulanstalten am besten benützen können, den Jünglingen durch das ehrenvolle Andenken eines guten Regenten An= hänglichkeit an die Regierung und Liebe zum Vaterlande einzuflößen. So entstand diese Trauerfeyer, wobey die gegenwärtige Rede ge=

hal=

halten wurde.   Die Gymnasialkapelle war
dazu geschmackvoll eingerichtet.   Ganz mit
schwarzem Tuch bedeckt, und gehörig beleuchtet, machte sie gleich beym Eintritte durch
das schauervolle Dunkel einen vorbereitenden
Eindruck.   Im Hintergrunde stand eine ab-
gestuzte Pyramide, das wohlgetroffene trans-
parente Bildniß des verstorbenen Monarchen,
mit Flor umhüllt und matt beleuchtet, gestellt
war.   An dem mit k. Insignien gezierten
Sarge standen von beyden Seiten, Minerva und der Genius des Gymnasiums, trau-
rend im griechischen Gewande.   Die Zöglinge des Gymnasiums, nebst mehrern Jugend-
und Schulfreunden, waren gegenwärtig. Den
Anfang der Feyer machte diese Rede; dann
wurden die in der katholischen Kirche übli-
chen Gebete für Verstorbene laut gebe-
tet, und den Beschluß machte eine von
den besten Tonkünstlern Prags auf den
Text, dies irr, aufgeführte vollstimmige
Musik, welche den Eindruck des Ganzen ungemein verstärkte.   Auf ähnliche Art feyerte

dieses Gymnasium auch das Andenken unsers unvergeßlichen , nie genug beweinten Joseph des Zweyten. —

Meine Freunde!

Es sind noch nicht sechs volle Monate, daß wir gerührt von der Gnade unsers Monarchen, durchdrungen von seiner väterlichen Güte, uns an dieser Stätte zu den schönen Empfindungen des Dankes versammelten, an welcher wir heute als verwaiste Kinder tiefgebeugt und weinend bey seinem Sarge stehen! O daß der Himmel Dich Verklärten uns nie geschenkt, oder nie genommen hätte!

Schon empfanden wir die beseligenden Folgen der Eintracht, des Friedens — da schreckt uns ein gräßlicher Schlag auf! Wir hören das traurige Rauschen der Pforte der Kaisergruft, welche sich öffnet, ihre kostbare Beute zu empfangen! Therese todt — Joseph todt —

Leo-

Leopold todt, schallt es hohl und düster durch die erbebende Welt! Ja meine Freunde, Leopold todt! Ehe wir ihn noch krank wußten, ehe die Aerzte nur Gefahr vermutheten, ertönt schon der Trauerruf — Leopold ist todt! So herrscht oft allgemeine Stille in der Natur; sanft schlummert ein ganzes Land; plötzlich erbebt der Erdball — und Tausende liegen unter den Ruinen eingestürzter Städte begraben, ehe sie noch vom Schlafe erwachen konnten.

Gott! du hörtest unser Flehen nicht — Du, der du Nerone und Domizlane zur Geißel der Menschheit lange auf den Thronen erhieltst — nahmst uns Leopolden so bald! Deine Rathschläge sind unerforschlich!

Der 1te März 1792. ist jener schreckliche Tag, der dem Reiche seinen Kaiser, uns unsern König, allen österreichischen Erbländern den geliebtesten Regenten raubte; an diesem Tage starb Leopold in den Armen seiner Gemahlinn, so wie einst sein theurer Vater in den Armen Theresiens starb. Leopold, der

Herr-

Herrscher über zwanzig Millionen Menschen, stirbt einsam, unbemerkt! O daß doch ein Arzt bey der Vollendung des Großen gewesen wäre, der unsere Fragen beantworten, Ruhe unserm zweifelnden Herzen geben könnte! Leider! wissen wir nur, — Leopold ist todt!

Sie erinnern sich noch, meine Freunde! mit welchem innigen Vergnügen ich Ihnen die Krönungsmünzen überbrachte, die der Verklärte so gütig, so huldreich Ihnen durch mich zuschickte; nehmen Sie heute von mir das traurige Geschenk, das Bild Leopolds zum ewigen Andenken an; bewahren Sie es als gute Kinder für sich und Ihre Nachkommen auf. Suchen Sie keine Meisterzüge darinn, suchen Sie, was Sie gewiß finden werden — Wahrheit! denn wozu sollte ich Todten schmeicheln, der ich es Lebenden nie gethan?

Schwarze Nacht lag auf den österreichischen Staaten, als Joseph der Weise, der Dulder mitten im Laufe seiner siegreichen Thaten fiel, und hinwandelte, wo wir alle einander

der

der gleich sind; Krieg von auffen — Krieg von innen bestürmte unsere Länder.   Leopold besteigt den Thron: mit einmal fliehen alle Gefahren und Schreckbilder; wie wenn die allbelebende Sonne im majestätischen Glanze aufsteigt, und die Natur mit allen ihren Reitzen erwacht. — alles freut sich, nur die Raubthiere, die Wesen der Nacht, verkriechen sich scheu in ihre Höhlen.

Mitten im Siegen zerreißt Leopold den Lorberkranz, wirft von sich die Siegespalme—denn beyde träufeln vom Menschenblute, von Menschenthränen. Er greift nach dem schönen Oehlzweige, nach der Bürgerkrone. Versöhnung! Verzeihung! spricht sein Mund, und schnell rollen die Belgier des Aufruhrs blutige Fahne zusammen; tief drückt Preußen sein gezücktes Schwert in die Scheide; Friede, Friede erschallt es hier und in der ganzen Welt, und Heil und Segen wünschen Millionen gerettete Menschen dem Engel des Friedens, dem allgeliebten Leopold!

E4

Es ist wahr, herrlich und groß waren die Siege, welche Oestreichs Legionen über die türkischen Horden erfochten. — Herrlich und groß der Ruhm eroberter Festen; aber wie theuer beydes erkauft? Wer zählt die kostbaren Millionen, welche der Krieg kostete? Wer, die noch kostbarern Tausende der Menschen, die Schwert und Seuche fraßen? Und — wer giebt uns unsern Joseph wieder, das kostbarste Opfer dieses unseligen Feldzüge? Nur der Fürst ist groß, der sein Volk glücklich macht.

Da zieht der Held einher im Triumphe, über Haufen zerstümmelter, verwesender Leichen. Ihn umbrüllen die Werkzeuge seiner Siege, die schrecklichen Donner; das Geklirre der Waffen und wilde Gesänge seines mordlustigen Heeres tönen darein, daß er nicht höre das Klagen, das Heulen, das Fluchen verwaister Kinder, getrennter Gatten, bettelarmer Bürger und ganz zu Grunde gerichteter Bauern.

Gebeugt, wüst und öde liegt das Land, über welches des Krieges verheerender Sturm fuhr, gleich den Fluren, über die ein furchtbares

res Gewitter sein Verderben auszeschüttet hatte; wehet aber des Friedens milder Hauch, o! dann ersteht die todte Natur — was Leben hat freut sich des Lebens, und laut ruft es aus jedem Wesen hervor: Genieße Mensch! all das Gute, das Gott zu deinem Vergnügen erschuf!—

Es ist Pflicht des Fürsten, den Staat gegen feindliche Anfälle zu schützen, Pflicht der zerstörenden Gewalt, Gewalt entgegen zu setzen: aber Weh und Fluch über den Despoten, der unbekannt mit Menschenwerth und Menschenelend, seinen Ehrgeiz zu befriedigen, oder seine Rache zu sättigen, die Pforte des Friedenstempels aufsprengt, und das hundertköpfige Ungeheuer — den Krieg losläßt. Die unmenschlichste aller unmenschlichen Thaten des Nero war jene, als auf seinen Befehl der Brand die Hälfte Roms verzehrte. Fürsten! wenn ohne gerechteste Ursache zum Kriege durch euch Dörfer und Städte Aschenhaufen — wenn blühende Länder Wüstenenen werden, seyd ihr weniger Nerone? — Gerecht waren Oesterreichs Kriege — aber immer traurig und verheerend;

Leo=

Leopold brachte Frieden seinen Kindern, aber, ach! sein Tod raubte die Ruhe unsern Herzen!

Auch die schönen Tage seiner Krönung, an denen wir so ganz der Freude lebten, leben noch in unserm Gedächtnisse mit frischer Kraft — und vergrössern unsern Schmerz!

Prächtig und majestätisch war der Einzug Leopolds, unsers Königs! Der Adel zeigte sich in seinem Nazionalglanze, in böhmischer Größe; der Bürger both alle Kräfte auf, den festlichen Tag zu verherrlichen; der Ausländer staunte über die nie gesehene Pracht, noch mehr über die Ordnung, die unter tausend und tausend Menschen beyspiellos herrschte. Und doch vergaß der edle Patriot alles Gepräng — ihn beschäftigte ein erhabnerer Gegenstand; er sah nur seinen König, seinen Leopold, dessen jegliche Miene der Abdruck seines besten Herzens, jeder Blick die Sprache seiner Vaterliebe war, die jedem zuzurufen schien: "Meine Böhmen, ich lieb euch!„ — O ihr, die ihr das stille, ehrfurchtsvolle Betragen der Böhmen bey dieser herrlichen Szene so schief beurtheilet, so boshaft

haft ausgedeutet habt — lernet daraus die Aeusse-
rung des wahren Gefühls, und das ganz ihrem
Könige geweihte Herz der Böhmen kennen!
Glaubt ihr mehr gethan zu haben, wenn ihr
in bachautischer Wuth mit rasendem Ungestüm-
me ein betäubendes Vivat herausschreyet, wobey
nur die Lunge beschäftiget wird, das Herz ungerührt
bleibt? Soll der Einzug eines geliebten Königs
unter sein Volk, so gefeyert werden, wie man
die Bachanalien feyerte? Wahre, innige Empfindung ist stumm, und der Böhmen nachdenkendes
Schweigen, hat ihren König erhabener bewill-
kommt, als es bey irgend einer Nation in ähnlichen Fällen geschah! Der Mund schwieg —
aber wärmer empfand das Herz. So hängt die
treue Gattinn im Kreise gerührter Kinder stumm
am Halse ihres Gemahls, wenn er nach einer
langen, Abwesenheit wieder in ihre Arme
zurückkehrt — bis endlich ihr Herz in ein frohes
"Willkommen,, auszubrechen vermag. So tön-
te das feyerliche: "Es lebe Leopold unser König!,, in das mitten im Tempel Gottes die
treuen Böhmen ausbrachen, als Leopold durch
die

die zitternden Hände unsers 83jährigen Oberhir-
tens gesalbt und gekrönt wurde. Ein Ausruf —
ganz angemessen der Majestät der Handlung,
der Heiligkeit des Ortes — ein Ausruf, der
in dieser Stelle, unter diesen Umständen das
herzlichste Gebet um eine lange, glückliche Regierung des Gesalbten enthielt; ach, und sie
war so kurz! —

      Lassen Sie uns noch länger bey diesem
feyerlichen Auftritte verweilen, und uns an jenem Bilde weiden, das uns ewig unvergeßlich
bleiben soll.

      Da steht Leopold, der mächtigste der Mo-
narchen, in seiner ganzen Majestät, umgeben
von allem, was groß und glänzend ist, Herrscher über Millionen. Mit einmal legt er Kron
und Zepter ab, kniet hin zum Tische des Herrn,
und empfängt mit gefalteten Händen, mit Thränen in Augen den König der Könige — Gott!
Seine Stellung, sein Auge, seine Mienen rufen laut: "Gott ist der Herr Himmels und der
Erde, der wird zwischen mir und meinen Unterthanen richten, vor dem sind wir alle gleich.„

                                 Pa-

— Patrioten und Fremde, Katholiken und Pro-
testanten sprechen noch mit Entzücken von diesem
rührenden Bilde. Väter! Mütter! so malet
den Verklärten euren Kindern und Enkeln —
Dieß Bild lehre sie wahre Anbetung unsers Gottes, Hochachtung gegen die heiligste Religion,
und ewiges Andenken gegen unsern guten, frommen König Leopold.

Es wäre zu erschütternd für uns, wenn
wir unserm Verklärten überall hinfolgen sollten,
wo wir Ihn während der Krönung so munter,
so vergnügt und gesund mitten unter uns sahen;
welche frohe Aussicht öffnete sich unter der Regierung eines so klugen, so gütigen Monarchen!

Meister in der Kunst Menschen zu regieren, wußte Leopold, daß er kein Fürst eines
Idealstaates sey; er gieng daher von dem weisen Grundsatze aus: man müsse die Menschen
nehmen, wie sie sind, ehe man daran denken
könne, sie zu dem umzuschaffen, was sie seyn
sollen. Darum ließ er jedem sein Steckenpferd,
so lang es unschädlich war; darum ließ er dem
Hinkenden seine Krücke, so schwach sie auch war.

Er

Er wollte das blöde Gesicht des Volkes nach und nach an das Licht gewöhnen — er wollte aufklären und beleuchten, aber nicht anzünden, und mit der Fackel die Augen ausbrennen: so wie die wohlthätige Sonne nach und nach sich unserm Horizonte nähert, auf die Dämmerung die Morgenröthe folgen läßt, bis sie endlich im vollen Lichte einherfährt! Leopold wußte, daß das Vorurtheil einem Nebel gleiche, der sich mit Kanonkugeln nicht niederdonnern läßt, aber von selbst fällt, wenn die Sonne empor gestiegen ist.

Unbegränzt war seine Güte, allumfassend seine Liebe. Die unreifen, gebrechlichen Kinder der Schmeicheley, die Namen eines Großen, eines Glücklichen, hatten für ihn keinen Reiz. Das zu heißen, was er war, Vater des Vaterlandes, war sein Stolz. Als er beym Antritte seiner Regierung einige Tage in Wien war, bathen ihn seine Großen, sich dem Volke zu zeigen; "wie kann ich das, sprach Leopold, da ich noch nicht im Stande war, meinem Volke Gutes zu thun!„ Braucht man mehr von ihm zu wissen?

Wo

Wo Leopold hinkam, zeichnete er sich durch Güte, Milde und Wohlthun aus, und gewann alle Herzen; Niemand gieng ungetröst von ihm — und fand er seine Bitte nicht gewähret, so freute er sich wenigstens über die Herzensgüte des Fürsten. —

O danken wir der Vorsehung, meine Lieben! Daß sie uns den Stamm der Habsburger zu Fürsten gab, der so berühmt als alt, so tapfer als weise, so gütig als gerecht, immer einen Thron verdienen würde, wenn er auch die Folge einer Wahl, und nicht des Erbrechts wäre; eines Rechtes, welches uns so glücklich macht, und das den Segen des Himmels dem erhabenen Fürstenhause in einer Menge edler Sprossen für Jahrhunderte sichert.

Zween der besten Fürsten Roms zeigt uns die Geschichte an Vespasian dem Vater und Titus seinem Sohne. Vespasian endigte alle Kriege; er war der erste nach August, der den Tempel des Janus sperrte und der Göttinn des Friedens zu Ehren einen neuen, prächtigen Tempel errich-

richtete; er erleichterte dem Volke die Abgaben,
begegnete liebreich jedem seiner Unterthanen,
tröstete, wo er nicht helfen konnte, und hinterließ seinem Volke in seinem Sohne Titus, das
höchste Ideal eines guten Fürsten, der jeden
Tag für verloren hielt, an dem er Niemanden
eine Wohlthat erwies.

Da Leopold so ganz Vespasian war, wird
Franz weniger unser Titus seyn? Franz, der
die Tugenden seiner großen Vorfahren in sich
vereinigt; der den Kummer Josephs des grossen Unglücklichen, der die Freuden Leopolds
des Geliebten theilte; der mit Joseph das
Schlachtfeld betrat, und die Hütte des Land-
mannes besuchte, und mit Leopold an der Feste,
unter welcher ruhig und sicher seine Millionen
Unterthanen schlummern werden — an weisen
Gesetzen mit unermüdetem Eifer arbeitete!

Göttliche Vorsehung! Leite Franzen unsern
Titus, daß er den herrlichen Tempelbau der
Weisheit in unsern Staaten glücklicher vollen-
de, als einst durch dein strenges Verhängniß
der große Tempel Salomons von jenem Titus
zerstöret ward!   Sie

Sie sind noch so jung, meine Freunde!
und schon ist Franz ihr dritter Herrscher und
König! daß er doch uns alle überlebe! Nur
um eines kann der Böhme den Oesterreicher be-
neiden, (alles übrige hat er in und aus sich
selbst), um seinen König.

Daß ich doch im Stande wäre, dir o
Franz! unser Böhmen so zu malen, wie es ist;
deine treuen Böhmen, so zu schildern, wie sie
sind — vielleicht daß du dann ein paradisisches
Königreich dem Erzherzogthume vorzögest. Wie
wohl befand sich bey uns dein verklärter Vater? Wie wohl deine und unsere sonst so schwäch-
liche Mutter? Wie wohl du und die ganze königliche Familie? — In Böhmen lebte Karl
der Vierte 60 Jahre, Wenzel sein Sohn 58 —
beyde nur einmal durch alle die vielen Jahre
krank; und Slawata der große Kanzler behauptet, daß alle jene Könige, die siech und krank
nach Oesterreich oder Ungarn übergiengen, eine
sichere Beute des Todes waren. Dagegen kamen die Sigismunde, Maximiliane, Mathiasse

II   H   und

und Ferdinande krank nach Böhmen, und bald
blühten sie, wie welke Blumen nach einem sanf-
ten Regen wieder auf. O! daß doch Leopold
nie von uns geschieden wäre! Daß doch
die Zeiten der Rudolphe wieder kämen!
— Und wo ist das Land, das der Gegenwart seines Fürsten würdiger wäre, als unser
Vaterland? —

Voll eigenthümlicher Kraft, voll eigenthümlichen Reichthums, bedarf er nur seiner
selbst! Sein Gold glänzt in den Gemächern
seiner Reichen; seine Edelsteine blitzen in der
Krone seines Fürsten; seine Gesundheitsbrun-
nen heilen seine Siechen, und von seinem Bro-
de theilet es selbst dem bedürftigen Auslande
mit! Unerschöpflich in allem! Die Feinde Oesterreichs mögen Zeugen seyn, daß ich nicht prah-
le! Hungerig und erschöpft fielen sie hinein, um
sich mit seinem Marke gegen die tapfere Faust
seiner Kinder zu stärken! Wo ist ein Land, das
durch langwierige, innere und äußere Kriege
verheert und verwüstet, sich so bald erholet hat,
wie Böhmen?

Und

Und so, wie Böhmen gesegnet an Produk-
ten ist, so fruchtbar ist es an talentvollen Köpfen, tugendhaften Menschen, und großen Thaten! Alles, alles Gute und Schöne vermag der
Böhme, und will es auch! Nur fodert er als
Böhme behandelt zu werden. Nicht geboren,
wie der Neger, Sklave zu seyn; läßt er sich auch
nicht als Sklave behandeln — aber eben dieser Böhme giebt wohlgemuth und froh Leben
und Blut für seinen guten König, so wie für
seinen trauten Heerd! Verflucht sey die Maxi-
me asiatischer Politik, der Unterthan müsse ge-
drückt werden, wenn er gut seyn soll! Hatte
etwa der niedergedrückte Landmann munter und
fröhlich hinter dem Pfluge herhüpfen sollen, wenn
ihn die Leibeigenschaft mit der Sklavenpeitsche aufmunterte? Wenn er nie für sich ackerte, eggete, und
säete? — Dank dir und ewige Kronen dafür,
verklärter Joseph, der du das schmähliche Joch
von dem gebeugten Nacken deiner treuen, guten
Böhmen abgenommen hast! Heil dir gleichedel-
denkender Leopold, der du dieß Scheusal der

— H 2 — Mensch-

Menschheit haßtest und verabscheutest! Entfernt, verbannt bleib es auf ewig von uns — verbannt aus der ganzen Welt, denn Menschen sind überall Menschen. O! meine jungen Freunde! Lernen Sie den Werth Ihres Vaterlandes einsehen; lernen Sie sich selbst als Böhmen kennen — handeln Sie stets als Böhmen! Die alten Römer drückten ihren erhabenen Stolz durch die Worte aus: Civis Romanus sum; hat der Böhme weniger Ursache stolz zu seyn, daß er Böhme sey?

Von fernen Jahrhunderten her hat Böhmen die flüchtigen Künste und Wissenschaften in seinen Schoos aufgenommen, genährt und gepflegt; — als noch im ganzen West- und Nord dunkle Nacht den menschlichen Geist umhüllte; hat Böhmen schon den Musen geopfert. Von Prags Akademie gieng das wohlthätige Licht aus, welches unsern Welttheil erleuchtete, und nun zu dem hellsten der Welt macht! Ich könnte Ihnen eine ununterbrochene Reihe von Künstlern und Gelehrten — wo selbst langwierige Kriege keine Lücken gemacht — aufstellen: aber

ich

ich will, ich muß mir in diesem weiten Gebie-
the Gränzen setzen? Betrachten wir Böhmen,
wie es (in diesem Fache jetzt ist.

Wo schlug das k. Schulinstitut tiefere
Wurzeln — wo verbreitete es sich schleuniger
— wo blüht es schöner — wo bringt es
häufigere Früchte, als in Böhmen? Unsere Normalschule ist nicht nur die Musterschu-
le für Böhmen, der Hof selbst stellt sie zur
Nachahmung der Wienerschule, und so allen
Schulen in den Erbländern vor! Die Gymnasien in Prag und auf dem Lande, weichen keinem an Ordnung, Sitten, Pünktlichkeit, Fleiß
und Fortgang; weichen keinem sagt' ich! Mehr
darf ich aus Bescheidenheit nicht sagen, aber
Swieten und Birkenstock — Männer, die ich
mit inniger Hochachtung nenne und verehre, sagen es offen und laut: Sie übertreffen alle.
Und sollten Sie das nicht, da eine so große Anzahl würdiger Lehrer mit unermüdeten Eifer,
mit Enthusiasmus für Jugendbildung arbeitet?
Ach — es fehlt nichts, als trostvolle Aussicht,
als ermunternde Belohnung, die verhieß Leo-

pold

pold der Verklärte; Franz unser König wird es
erfüllen, bis Friede und bessere Zeiten es möglich
machen, dann erreichen Böhmens Gymnasien
ihre größte Vollkommenheit. —

Wo ist endlich die Universität, der sich
unsere nicht an die Seite stellen darf? Die größten Häuser in Wien rufen und wählen zu Men-
toren ihrer Söhne die Akademiker von Prag!
Selbst Joseph der Zweyte vertraute seinen
Liebling, den künftigen Herrscher so vieler Reiche, den Erstgebohrnen unsers beweinten Leopolds — nun unsern König, einem verdienst-
vollen Lehrer der prager hohen Schule — einem
Böhmen an *).

Wo schwang sich, gleich der unsern, mit
eigener Kraft eine gelehrte Gesellschaft so bald,
so hoch empor?

Die Herausgabe der zwey Bändchen der
Erstlinge hat vielleicht auf eine nicht unrühmliche
Art die Welt gezeigt, daß auch Böhmen an

Poe-

---

*) Dem rühmlichstbekannten Hrn. Johann Dießbach,
der am 2ten Christmonat 1792 starb.

poetischen Talenten nicht arm sey. Diese
Versuche zeichnen sich sehr vortheilhaft unter den Legionen von Musenalmanachen und
poetischen Blumenlesen aus, mit denen Teutschland gegenwärtig überschwemmt wird. Doch
das werden nie diejenigen zugestehen, die es
verdrüßt, wenn der Böhme sich hebt! Aber
Poesie, so wie jede der schönen Künste, will gepflegt und aufgemuntert seyn! —

Allein warum hat Böhmen so wenig gute
Schriftsteller, ja so wenig Schriftsteller überhaupt? Ein oft wiederholter Vorwurf, der uns
Ehre macht! — Böhmens — des selbständi-
gen Böhmens litterätische Periode, ist eine der
ältesten. Nur der Kenner unserer Geschichte und
Litteratur weiß es, was Böhmen unter Maxi-
milian II. und Rudolph II. in der Gelehr-
samkeit vermochte und leistete; denn unsere besten väterländischen Schriftsteller schreiben lateinisch oder böhmisch. Die böhmischen Werke verzehrte größtentheils ein übel-
verstandener Religionseifer — und lateinisch
liest unser tändelndes Zeitalter längst nicht mehr.

Das

Daher kennt uns das Ausland so wenig. An neueren guten Schriftstellern aller Art fehlt es uns nicht.

Der Böhme lieſt, lernt und denkt viel nach — aber ſeine Beſcheidenheit verbiethet es ihm, alſogleich die Idee zu ergreifen, und ſich zum Lehrer der Welt aufzuwerfen. Er ſchreibt weniger, und arbeitet mehr in Stillen!

Bloß die vielen Schriftſteller werden unſere Nachbarn, die Teutſchen, ſich gewiß nicht zum Ruhme anrechnen! Böhmen, verglichen mit irgend einer gleich großen Provinz Teutſchlands, mag weniger Schriftſteller zählen — aber gewiß hat es mehr gründliche, arbeitſame Gelehrte; und dieß iſt unſer Ruhm, unſer Stolz! —

Soll ich auch noch von der unverbrüchlichen Treue, von der feſten Anhänglichkeit der Böhmen, an ihren König etwas erwähnen? Welches Land trug ſo oft, ſo lange die Laſt, die Drangſale der ſchrecklichſten Kriege, wie Böhmen? Immer war Böhmen der Schauplatz blutiger Auftritte, immer drang der Feind zuerſt hinein — und Böhmen wankte nicht! Hunger, Noth,

Noth, allgemeines Elend verheerte Böhmen; es schrie um Hülf' und Rettung, die kam spät oder gar nicht — und Böhmen wankte nicht! Belgien empört sich, Ungarn droht, diese und jene Provinz murrt — Böhmen wanket nicht! Und kriegte, blutete der Böhme nicht schon damals willig für Theresien, als diese bedräng- te Fürstinn mit Joseph dem künftigen Herr- scher am Arme Hülfe durch Thränen von den Pannoniern erzwingen mußte? So war Böh- men stets — so ist es noch! Ach möchten doch un- sere Wünsche das vermögen, was die alten Böhmen von ihrem König foderten!

Dir Franz, unser König huldigen wir aufkeimende Bürger Böhmens am Sarge dei- nes verklärten Vaters, den wir so herzlich be- weinen, den wir nie vergessen werden — wir ge- loben Dir unverbrüchliche Treue, zärtliche Lie- be, und ungezwungenen Gehorsam! Der Geist deines uns hier umschwebenden Vaters sey Zeu- ge unsrer Huldigung, unsers Schwures!

Und nun, meine Gymnasiasten! Erinnnert euch oft an den entschlafenen Fürsten, dessen

An-

Andenken wir heute mit traurigem Gefühle feyern; auch Er hat sich euer erinnert! Er kam zu euch, besuchte euere Schulen, sah voll Milde auf euch herab! Ihr wißt noch, mit welchem Entzücken ihr euch hier an dem nämlichen Orte vor sechs Monaten versammelt habt, um jenes Geschenk zu empfangen, das euch seine gütige Hand gesendet hatte! Es waren freylich keine prächtigen Gaben, keine Edelsteine — nur Krönungsmünzen; aber welch einen großen Werth bekamen sie durch des Gebers Gnade und die Art des Gebens?

Nur ein Oelzweig wars, um welchen in den olympischen Spielen einst Griechenlands größte Männer, ansehnlichste Familien, Fürsten und Könige rangen und kämpften—ein Kranz von Eichenlaub, der die edelste That eines freyen Römers, die Rettung seines Mitbürgers im Schlachtgewühle, so glorreich belohnte! Epiktets Lampe wurde um viele Tonnen Goldes; der Stecken eines stoischen Philosophen um viele Talente; die Schreibfeder des Lipsius um 1000 Thaler gekauft. Ein Kranz von Baumzweigen, eine alte Lampe,

ein

ein abgenützter Stecken, eine stumpfe Feder;
welche Kleinigkeiten! und doch von welchem
Werthe?

Erinnert euch also an den Großen Entschlafenen — und seyd dankbar; erinnert euch,
so lang ihr lebt, an diese Feyerlichkeit; erinnert
euch an das Versprechen, das ihr am Sarge
des Vaters, dem Sohne auf dem Throne, gethan
habt — werdet nützliche treue Staatsbürger —
bleibet gute Böhmen!

Und nun laßt uns zum Zwecke dieser
Trauerfeyer schreiten — zu dem Gebete. Ich
vergöttere Leopolden nicht! Die Sonne selbst
hat Flecken; wo Licht ist, da ist auch Schatten
— wohl uns, daß er nur als Mensch, nicht als
König fehlte! Schon stand er vor dem strengen
Richterstuhle Gottes, schon ist er gerichtet.
Meine Freunde! Leopold war König, war Kaiser, war alles, was die Welt groß und mächtig nennt: jetzt ist Er, was wir alle einst seyn
werden — Asche, Staub, Moder! Bald werden die Millionen von Atomen, in die seine Hül-

le

le zerſtäubt, verfliegen, und vielleicht ſelbſt in das
Monument ſich einmiſchen, das ein dankbares
Land zur Verewigung Leopolds des Guten, des
Friedſamen errichten wird. Er nahm nicht
Szepter und Kronen mit; wohl ihm, wenn er
allen Wohl gethan, und wenn ſeine Fürſten-
thaten, vereint mit unſerm Gebete, die Gebre-
chen ſeiner Menſchheit aufwiegen.

— Ewiger Richter der Lebendigen und der
Todten! Leg unſere Thränen, leg unſer Gebet
für Leopold auf die Wagſchaale ſeinen Tugenden zu, und gieb Dem, der Ruhe und Frieden
ſeinen Ländern gab, die ewige Ruhe, den ewigen Frieden!

Miszellen.

Miszellen.

I.

Etwas über die Rechtmäßigkeit des gegenwärtigen Kriegs gegen Frankreich.

Man war Willens, einen kleinen zweckmäßigen Aufsatz über diesen Gegenstand unsern Patrioten mitzutheilen, und es lagen schon einige Bogen zum Druck fertig: als unvermuthet bey der feyerlichen Beförderung zur juristischen Doktorswürde des H. Andreas Schiffner eine sehr nützliche Schrift unter dem Titel: Betrachtungen über die Rechtmäßigkeit des gegenwärtigen Kriegs gegen Frankreich, und die Zweckmäßigkeit des in den Oest. Ländern eröffneten Gold = und Silberdarlehens auf 4. Bog. 8. gedruckt, unter die Anwesenden ausgetheilet ward.

Wir werden nicht irren, wenn wir vermuthen, daß H. Prof. Mader, der schon manches Nützliche und Patriotische that, und schrieb *), an dieser Schrift wesentlichen Antheil habe.

a   Wir

*) So hat er z. B. in den vermischten
   Aufsägen aus der Moral, Staats=

II.   Kunst

Wir haben also unser Vorhaben fahren lassen, etwas eigenes über diese Materie zu liefern; weil wir uns in unserm Plane sowohl, als in der Ausführung selbst, da wir den nämlichen Weg einschlugen, ganz und gar entgegen kamen. Wir werden also das Wesentliche und Hauptsächliche aus der gedruckten Abhandlung nicht nur ausziehen, und mittheilen, sondern auch Alles mit einem Anhange vermeh=

Kunst und Staatenkunde, zum Versuche: Lesen und Denken, besonders bey der studirenden Jugend zu befördern; die er unter seiner Leitung von seinen Zuhörern zum Theile verfertigen ließ, und im J. 1788. in Prag 8. bey Widtmann herausgab, einen eigenen Aufsatz einrücken lassen: von den Urtheilen über Regenten und Staatssachen; wo er die Schiefheit der gewöhnlichen Urtheile und die Schwierigkeit um gründlich zu urtheilen, einleuchtend zu machen, und dadurch vor dieser bösen Sucht zu warnen suchte. Die böhmische Königskrönung Franzens II. feyerte er mit einem kleinen patriotischen Gesange: Empfindungen eines öst. Patrioten an dem Tage, da Böhmen seinem neuen Herrscher huldigte. Prag 1792. 4 Bl. 8. — Ein Paar Stellen setzen wir her:

Ein seelenhebend Bild ist ein Monarch,
Der über Herzen herrschen will,
Im Kreise seiner Kinder
Ein Vater, Führer, Freund!

Un=

mehren. Solche kleine Gelegenheitsschriften verlieren sich
gar zu geschwinde, und verdienen doch öfters länger auf=
behalten zu werden.

*
*   *

Man kann sich kühn auf das Urtheil der ganzen
unpartheyischen Welt, die den Gang der öffentlichen
Staatsangelegenheiten seit den letzten Jahren her nur
mit einiger Aufmerksamkeit beobachtet hat, berufen, ob
Oestreich den Franzosen einen gerechten Grund sich zu
beschweren, oder wohl gar Krieg anzukündigen, und mit
der Kriegsankündigung zugleich in die Niederlande feind=
lich einzubrechen, gegeben habe; ob es nicht vielmehr
seinerseits im vollestem Maaße recht gehabt hätte, lange
vorher die in Frankreich herrschende Parthey als einen
erklärten, keiner Mäßigung fähigen, und keiner Scho=
nung würdigen Feind ohne weiters anzugreifen; so daß
wohl allenfalls zweifelhaft seyn könnte — was ich jedoch

a 2   zu

Unglückliche! auch dieser Anblick nicht
Weckt euch aus euerm Taumel? Ach!
Ihr habt bis auf die Hefen
Den Zauberkelch geleert.

Die ihr gepeitscht von allen Furien
Der Anarchie, und Pöbelswuth,
Ein Spiel ruchloser Frevler,
Euch frey, und glücklich wähnt.

Betrogne Freyheitsträumer seht auf uns!
Nicht frey — beherrscht mit sanftem Ernst,
Beherrscht mit weiser Güte,
Ein Volk, ein glücklich Volk!

Du hast, Allgütiger, in deiner Huld
Uns Franzen, und Theresen —
O süße heilge Namen
Für Oesterreich! — verliehn!

zu entscheiden mir keineswegs anmaße — ob es nicht
besser gewesen wäre, vorzukommen, und sich in den
Vortheil des Angriffs zu setzen; keineswegs aber, ob es
gerecht gewesen wäre, oder gar ob der gegenwärtige
abgedrungene Vertheidigungskrieg rechtmäßig sey?

Die Aufrührer, unterstützt von einem durch sie
in Wuth gebrachten Pöbel und von Rotten gedungener Meuchelmörder, überhäuften ihren rechtmäßigen und gutmü-
thigen Monarchen — denn wer hat nur einen Zug von
Härte je von ihm gehört? — mit den gröbsten Unbilden,
strebten ihm nach dem Leben, und so oft er Genugthuung
für die erlittenen Beleidigungen, und Sicherheit für die
Zukunft begehrte, war Hohn und Lästerung die Antwort. Von ihm berufen, in der väterlichen Absicht den
zerrütteten Zustand der Finanzen zu verbessern, und den
tief gesunkenen Staatskredit wieder zu heben und zu be-
festigen, und zu solchem Endzweck von ihren Mitbürgern gesandt, erfrechten sie sich die ganze Staatsverfassung umzustürzen. Die ihnen mitgegebenen Vollmach-
ten und Verhaltungsbefehle sind längst öffentlich kundge-
macht, und von Niemanden der Falschheit überwiesen
oder nur angeklagt worden; und diese enthalten schlechterdings nichts, das sie, auch ohne auf die doch hoffent-
lich ebenfalls nöthige Einwilligung des Monarchen Rücksicht
zu nehmen, hätte berechtigen können, in der Regierungsform selbst irgend eine wesentliche Veränderung vorzunehmen. Auch ertönte von allen Seiten her die laute
Misbilligung ihrer Mitbürger, die aber bald von dem
wilden Geschrey des empörten Pöbels, und durch La-
ternenstricke, Mordbrenner und Jourdains zum Schweigen gebracht wurde. Und nun ward Frankreich der
Schauplatz von Gräuelthaten ohne Zahl und Ende, von
Unmenschlichkeiten, die man in einem Romane zu wi-

derbernatürlich, und in einer Tragödie zu gräßlich finden müßte.

Und bey dieser eben so offenbar ohne Recht und ohne Beruf unternommenen, als mit Barbarey ausgeführten Revoluzion hätten wir ruhig zusehen, kein Wort darein sprechen sollen! Es ist ein sehr wahrer Grundsatz, daß jeder in seinem Hause Herr sey, und nach Belieben darinn schalten könne, ohne seinen Nachbarn zu einer Rechenschaft darüber verbunden zu seyn. Aber nebst dem, daß nicht ein Haufe von Aufwieglern der Herr im Staate ist, so wird man wohl auch diesen Grundsatz nicht so weit ausdehnen wollen, daß in einer Familie die Kinder ihren Vater, oder sich untereinander nach Belieben würgen und schlachten können, ohne daß die Nachbarn nur eine Notiz davon nehmen dürften. Aber dieser mit seinen getreuen Unterthanen von den Empörern so grausam, so unabläßig mißhandelte König war nicht bloß Mensch, nicht bloß unser Nachbar, was hinlänglich gewesen wäre, uns für ihn zu intereßiren, er war zugleich unser Alliirter, war durch Familienbande mit unserm regierenden Hause verbunden.

Ueberdieß sorgte die Parthey der Rasenden schon dafür, da sie zu ihren Absichten Krieg durchaus haben wollten, uns nicht bloß gerechte Ursache dazu zu geben, sondern uns dazu zu zwingen. In der Nazionalversammlung selbst wurden die gröbsten und pöbelhaftesten Schmähungen gegen den Oestreichischen Monarchen öfter als einmal ausgestoßen, und nicht nur nicht geahndet, sondern mit lärmenden Beyfall aufgenommen; die Allianz mit Oestreich ward ohne weiters zerrissen; sie selbst rühmten sich, in allen Ländern Korrespondenten und Freunde ihres Klubs zu haben; und die Erfahrung in England, Holland, in Teutschland, in der Schweiz, in Italien,

in

in Pohlen hat leider bewiesen, daß sie das wirkliche
Verbrechen gegen das Völkerrecht, die Unterthanen auf-
zuwiegeln, mit der Schamlosigkeit damit noch zu prah-
len, verbunden haben.

Nun konnte doch wahrlich die Frage nicht
mehr seyn, ob man noch länger zaudern dürfe, diese Störer der allgemeinen Ruhe Europens mit vereinigten Kräften zu bekämpfen. Aber unser verklärte Leopold wünschte so aufrichtig den Frieden, daß er
vor der Hand bloß mit den übrigen Mächten gewiße
Verabredungen nahm auf den Fall, wenn alle gütli-
chen Unterhandlungen, die man noch immer nicht abbrach,
fruchtlos seyn sollten. So wie Ludwig die inzwischen
zustandgebrachte Konstituzion annahm, erklärte sich Leopold gegen alle mit ihm verbundenen Fürsten, daß nun
der Gegenstand dieser Koalizion wegfalle, es wäre denn,
daß die Nazionalversammlung selbst dieser Konstituzion
zuwider neue Eingriffe in die dem Könige zugestandenen
Rechte machen würde. Er hatte vorausgesehen, was
nur zu bald erfolgte. Leute, qui salva republica salvi
esse non possunt, waren keineswegs gesinnt, bey dieser
neuen Ordnung der Dinge es bewenden zu lassen; für
sie war das nur ein Versuch gewesen, was sich durchsetzen
lasse, ein Blendwerk für den Pöbel, eine Falle für den
König, der, wenn er die Konstituzion nicht annahm,
ein Opfer der Wuth; und wenn er sie annahm, ein
Opfer der Kabale werden mußte. Denn wenn man ihm
auch die da ausgemessene Gewalt gelassen hätte; so war
sie doch für das, was man von ihm forderte, viel zu
beschränkt, und immer stund es bey den Aufhetzern,
alles, was nicht gieng, oder übel gieng, ihm zur Last
zu legen. So wie man den Pöbel einmal gestimmt
hatte, war für die gesetzgebende Macht blindes Ver-

trau:

trauen, Enthusiasmus und Segen; und für die erequirende Argwohn, Haß und Fluch der beschiedene Antheil. Sie verfolgten rastlos ihren Plan, eine gänzliche Anarchie herbeyzuführen, bey der allein sie ihre Rechnung finden konnten.

Durch ewig wiederholte, nie bewiesene, aber immer wieder geglaubte Denunziazionen bald einer zubereiteten Flucht des Königs, bald einer dem Ausbruche nahen Verschwörung gegen die Nazionalversammlung, bald eines beschlossenen allgemeinen Blutbades in Paris, erhielten sie den Pöbel in beständiger unruhiger Bewegung und Erbitterung; bey jedem Schritte der Regierung schoben sie ihr Hindernisse auf Hindernisse in den Weg, und bejammerten die Nazion, die ein Opfer der Unthätigkeit und Treulosigkeit der Regierung werde; sie legten dem Könige Dekrete vor, die ihm Gewissen und Klugheit schlechterdings nicht gestatteten zu sankzioniren; die sie aber, so ein großer Theil der Nazionalversammlung selbst auch dawider gewesen war, dem bethörten Volke als ein Palladium der allgemeinen Freyheit und Glückseligkeit vormahlten; sie zwangen ihn würdige Minister, die eifrige Patrioten, aber keine rasenden Jakobiner waren, zu entlassen, und brangen ihm dafür ihre Kreaturen auf; keine Nachgiebigkeit, keine Gelassenheit Ludwigs bey so vielfachen, so bittern, und so langen Leiden war vermögend in den Herzen seiner Verfolger einen Funken von Menschlichkeit zu erwecken.

Mit fanatischer Hitze und wilder Wuth hatten sie ihr Werk angefangen, mit schamloser Verachtung aller göttlichen und menschlichen Gesetze und selbst alles Wohlstandes setzten sie es fort. Und so despotisch und barbarisch sie ihren König und ihre Mitbürger behandelten; eben so ungerecht und insolent betrugen sie sich

ge=

gegen auswärtige Staaten. Durch einen Machtspruch
hatten sie verschiedene teutsche Fürsten ihrer auf die feyer-
lichsten Verträge gegründeten Gerechtsamen beraubt; alle
Vorstellungen des Kaisers, der als Reichsoberhaupt verpflichtet war derselben sich anzunehmen, wurden mit
Verachtung und Hohn abgewiesen; die aus ben Niederlanden geflüchteten Rebellen versammelten und waffneten
sich auf französischem Boden; die darüber erhobene Be-
schwerde fertigten sie mit der kahlen Ausflucht ab, daß
man auch ihren Emigranten in den Niederlanden Aufenthalt und Schutz gewähre. Und doch hatte Oestreich,
um allen Vorwand zu Klagen wegzuräumen, solche
Verfügungen in Ansehung derselben getroffen, daß die
Nazionalversammlung selbst nicht anstehen konnte, ihre
Zufriedenheit darüber laut zu bezeigen. Nebst dem
daß der große Unterschied jedem Beobachter auffallen
mußte, daß zu eben der Zeit, als sie Oestreich eines
vorhabenden Anfalls beschuldigten, auf ihrer Grenze immer mehrere Truppen sich zusammenzogen, indessen die
unsrigen in den Niederlanden nur eine ganz unbedeutende
Verstärkung bis da erhalten hatten, mithin es wohl
nicht zweydeutig war, wer mit einem Angriffe umgehe.

Die von Millionen Menschen beschworne, durch
so viele Feste gefeyerte, und als das non plus ultra
der gesetzgebenden Weisheit ausgeposaunte Konstituzion
wurde zwar bereits Tag für Tag von der herrschenden
Parthey ungestraft verletzt, und insbesondere ward die
nach eben dieser Konstituzion unverletzliche und heilige
Person des Königs zum Schattenbilde herabgewürdiget,
und Angriffen aller Art preis gegeben. Aber die Konstituzion mußte ausdrücklich, und ganz vernichtet, das
Reich in eine vollkommene Verwirrung gestürzt werden,
um unter dem Titel einer Republik ihre Herrschaft zu
be-

begründen. Sie versuchten erst die Stimmung des Volks.
In öffentlichen von Mitgliedern der Nazionalversammlung
unter ihrem Namen herausgegebenen Schriften wurde die
Konstituzion als ein übereiltes, unzusammenhängendes
Machwerk vorgestellt, und gerade heraus gesagt, eine
erbliche Königswürde sey unverträglich mit den Grundsätzen der französischen Staatsverfassung.

Und in dieser Lage forderten sie trotzig die positive
Erklärung, daß die Höfe auf keinen Fall in ihre Angelegenheiten sich mischen, und die Koalizion unter sich ohne
weiters gänzlich aufheben wollen. Natürlich erwarteten
sie so wenig, als sie es wünschten, daß man bewilligen
würde, was zu bewilligen unsinnig gewesen wäre; sie
hofften vielmehr eine Kriegserklärung gegen Frankreich
endlich zu erpressen, um über gewaltsamen Angriff auf
ihre Freyheit der Welt vordeklamiren zu können. Als
diese aber noch nicht erfolgte, setzten sie sich, die schon
über so vieles hinaus waren, auch über diese Kleinigkeit
weg, und kündigten selbst Krieg an.

Die Art wie sie sich seit dem bey sich zu Hause
benommen, wie sie den Krieg geführt, und wie sie auch
Nazionen, mit denen sie im Kriege nicht begriffen waren, behandelt haben, hat vollends ihre verderblichen
Grundsätze und die Sittenlosigkeit ihres Charakters an
Tag gelegt. Sie haben allen Nazionen, die wider ihre
rechtmäßige Obrigkeit sich aufzulehnen Lust hätten, ihre
Unterstützung verheißen, um bey der auch in andern Ländern entstehenden Verwirrung desto ungestörter ihre Mitbürger unterdrücken zu können, und ihnen ihr Joch durch
den Anblick des gleichen Elends bey den Nachbarn er-
träglicher zu machen. Sie hatten auf alle Eroberungen,
feyerlich Verzicht gethan, und über diese weise und aus-
zeichnende Mäßigung das Lob mancher Journalisten ein-

ingeärndtet. Sie hielten Wort; denn sie inkorporirten nur, und das nur auf das sehnliche Verlangen und dringende Bitten der Nazionen, das ist, einiger Fanatiker, einiger racheschnaubenden Mißvergnügten, des Janhagels, der nichts zu verlieren hatte, und die Beute zu theilen hoffte, einiger ehrsüchtigen Demagogen, die aus ihrer Dunkelheit sich erheben, und, mag das Vaterland darüber zu Trümmern gehen, wenigstens eine Weile Regenten spielen wollten, kurz derjenigen, die in Frankreich das Volk heißen, und als Volk die Majestät besitzen, und denen mithin nach französischen Grundsätzen überall dieser ehrwürdige Titel und die nämlichen Rechte gebühren.

Sie überschwemmten die Länder, in die sie durch List oder Gewalt eindrangen, mit ihren Assignaten, denen der Raub von den Emigrirten zum Unterpfande angewiesen ist, und bemächtigten sich der Baarschaft der Einwohner; sie plünderten die Kirchen und verhöhnten die Landesreligion; sie zerstörten die bißher bestandene Ordnung, ohne fähig oder Willens zu seyn, eine bessere oder nur eine andere an deren Statt einzuführen: wie hätten sie auch geben sollen, was sie selbst nicht hatten, eine Konstituzion? man müßte dann Freyheitsbäume und rothe Kappen — das Ehrenzeichen der Galeerensklaven — Piken und Kokarden, Klubs und Konvente, und die prächtigen Wörter Freyheit und Gleichheit dafür gelten lassen wollen. Sie haben ihren Schandthaten die Krone aufgesetzt durch ein Bluturtheil, das die ganze Menschheit wider sie empören mußte, auch dann noch, wenn das Schlachtopfer kein König, wenn es nicht ihr König, wenn es kein so guter König gewesen wäre, oder wenn er auch nicht durch unsägliche Martern für die gröbsten Verbrechen, die er jedoch nicht begangen hat,

ohne=

ohnebin schon gebüßt hätte, wenn auch nicht sein Prozeß auf jeden Fall durch die Absetzung schon geendigt gewesen wäre. *)

Eine Nazion, die zu solchen Grundsätzen öffent= lich ohne Scheu sich bekennt ; die Empörung , Raub, und Mord in ein förmliches Systen gebracht hat ; die durchaus keine andere Richtschnur und keine Schranken als ihre physischen Kräfte und ihre Konvenienz beobachtet, ist die erklärte Feindinn der ganzen Menschheit. Sie muß wieder zu sich selbst gebracht, oder als ein Rasen= der an die Kette gelegt werden, wenn nicht die Sicher= heit und Ruhe aller bürgerlichen Gesellschaften immerfort aufs Spiel gesetzt bleiben soll.

Fast ganze Europa hat es bereits wirklich erfah= ren! Sie griffen zunächst Oestreich an, weil der Reich= thum der Niederländischen Provinzen ihre Raubgier lockte, und die noch nicht gedämpfte Gährung eine grosse Leich= tigkeit versprach sie zu sättigen. Sie kündigten den Allirten Preußen, und den teutschen Reichsfürsten den Krieg an — Sie kündigten den vereinigten Niederlanden den Krieg an, besonders weil der Rhein eine haltbare Grenze der Provinzen war, die sie schon verschlungen zu haben glaubten, und dem Ganzen eine artige Rundung gab. Aus eben so triftigen Rechtsgründen inkorporirten sie den Strich Teutschlands zwischen dem Rhein und der Mosel. Sie kündigten Großbrittanien den Krieg an , weil sie auf die von ihren Emissarien angefachte Unzufriedenheit einer starken Parthey rechneten, und ihr zum Ausbruche Muth zu machen hofften , wo dann die Flamme schon weiter greifen, vielleicht ganz Europa entzünden würde. Sie kündigten Spanien den Krieg an ; nahmen dem Pabst Avignon, und bedrohten ihn in Rom selbst mit Feuer und Schwerdt ; fielen in die Sardinischen Län= der , nachdem sie erst einen Theil der Einwohner mit

*) S. Lief. I. Miszell.

dem

dem Gifte ihrer Grundsätze angestecket hatten ; machten
in Genf die alten innerlichen Streitigkeiten rege ; ver=
sagten den Schweizern alle Genugthuung für ihre in
Paris ermordeten Mitbürger ; suchten Neapel durch
eine recht ausstudirte Beschimpfung zu reizen : — Alles
das, um einen großen Wirkungskreis zum Rauben zu
bekommen, um jeden Staat bey sich zu Hause fürchten
zu machen, und so außer Stand zu setzen, denjenigen zu
helfen, über die sie zunächst herzufallen im Sinne hat=
ten; oder wenn doch alle sich verbänden, desto leichter
Eifersucht und Uneinigkeit unter ihnen zu stiften; neben=
her wohl auch, weil sie trunken von Uibermuth wähn=
ten, daß sie um ächte Republikaner und groß wie die
alten Römer zu seyn, nur recht trotzig und stolz und
gewaltsam allen Regenten begegnen dürfen ; so wie sie
nun lauter Brutusse und Kassiusse waren, weil sie den
ehrlichsten Mann in Frankreich, wie selbst der Jakobi=
ner Dumourier, als er noch Minister war, Ludwigen
nannte, ermordet hatten. *)

Wenigstens nach solchen Vorgängen kann es wohl
nicht mehr zweifelhaft seyn, wer Krieg gesucht, wer An=
laß dazu gegeben habe, ob er für Oestreich auf irgend
eine Art zu vermeiden war, oder ob es itzt von dessen
Will=

*) Der Raum gestattet nicht die angeführten That=
sachen umständlich zu dokumentiren. Aber
ich berufe mich auf die akkreditirtesten Zeitun=
gen und Journale z. B Archenholzs Minerva,
Wielands Merkur, Girtanners Geschichte der
Französischen Revoluzion, und Annalen, auf
die Staatsschriften der Höfe, auf die über den
Prozeß K. Ludwigs erschienenen Schriften;
u. d. g.

Willkühr abhänge ihn zu enden — so lange die Tyran=
nen Frankreichs ihr System nicht ändern ; so lange sie
gar keine bürgerliche Ordnung, keine respektirte öffentliche
Gewalt bey sich haben; so lange zu Folge der beillosen
Volksmajestät Niemand dafür stehen kann , daß nicht
ein sich Volk nennender Hause von Pickenmännern und
Fischweibern den Konvent auseinanderjage und alles
das vernichtet, was dieser im Namen des Staats ver=
heißen hat.

Bey einem unvermeidlichen und aufgebrungenen
Kriege wäre schon an sich die Frage sonderbar , was
man dadurch zu gewinnen hoffe. — Was würde man
von dem Manne gehalten haben, der zur Zeit, als
ganz Europa wider die andringende Macht der Mogols
oder der Türken kostbare Rüstungen machte, gefragt
hätte, welchen Ersatz für allen den Aufwand man sich
verspreche ? Wer sich vertheidiget, sucht nie was zu ge=
winnen, sondern das, was ihm entrissen worden, wie=
der zu erlangen, oder das zu behalten, was er in Ge=
fahr steht zu verlieren, und für die Zukunft Sicherheit
und Ruhe sich zu verschaffen. Und wenn er diese End=
zwecke erreicht; so kann man doch wohl nicht sagen, daß
er umsonst gekämpfet habe. Etwas wichtigeres stand
übrigens nie auf dem Spiele ; denn es ist um weniger
nicht zu thun, als Millionen Menschen, unsere Brüder,
von den Gräueln der Anarchie zu erlösen, uns selbst und
ganz Europa vor ähnlichen Drangsalen sicher zu stellen.

Es ist mir eine der listigen Vorspiegelungen der
Scham= und Hosenlosen, daß der Bund der Mächte gegen
sie nur die Sache der Könige sey. — Gott Lob! die Völker
haben zu klar gesehen, daß man sie nur von ihren
Fürsten trennen wolle, wie eine Heerde von ihrem Hir=
ten, um sie leichter überwältigen zu können ; sie haben
be=

begriffen , daß der Feind ihrer rechtmäßigen Obrigkeit, der ihr Freund zu seyn vorgiebt, ein heuchlerischer Böse-wicht und ihr gefährlichster Feind sey ; indem er ihnen nicht bloß einen Theil ihres Eigenthums , sondern die Quelle selbst aller bürgerlichen Glückseligkeit , das Ver-trauen, die Liebe, den Gehorsam gegen die Regierung rauben will; sie haben den an sich ganz passenden Aus-spruch , daß dieser Krieg ein Kampf der Freyheit ge-gen den Despotismus sey, keineswegs mißverstanden ; wirklich kämpft Europa für seine Freyheit und Ruhe ge-gen die Tollkühnheit der Despoten Frankreichs, die ihre verderblichen Grundsätze, und noch verderblichere Art da-von Gebrauch zu machen, durch List oder Gewalt allen Nazionen aufdringen wollen.

Insbesondere haben die östreichischen Unterthanen auf eine ihnen zum unsterblichen Ruhme gereichende Art durch die That selbst anerkannt, daß dieser Krieg, wenn je einer, nicht irgend ein Privatinteresse ihres Fürsten, sondern den wahren Vortheil des Staats , sie alle be-treffe. Unser Monarch , als ein wahrer Vater seines Volks hat sich erklärt , daß er um nur seine Untertha-nen zu schonen , sein ganzes Familienvermögen aufzu-opfern bereit sey: aber diese haben sich nicht minder als dankbare und edeldenkende Kinder bewiesen , indem sie mit freywilligen Beyträgen zu den großen Kriegskosten herbey eilten , und noch immer damit fortfahren.

Nicht genug an dem Aushilfsmittel — Die östrei-chische Regierung hat, um alle Kriegssteuer , oder was immer für neue Auflagen zu entfernen, in dem eröffne-ten freywilligen Darlehen im ungemünzten Gold und Silber das vortrefflichste Mittel, um den Endzweck am sichersten und besten zu erreichen , gewählet — sie hat gewußt — was bey Finanzoperazionen in außerordentli-

chen

chen Staatsbedürfnissen gewiß ein seltner Fall , und ein besonderer Vorzug der gegenwärtigen ist — den Vortheil der Privaten mit dem Vortheile des Ganzen zu vereinigen.

*   *   *

Um im Zusammenhange zu bleiben , wird auch die Rechtmäßigkeit dieses Kriegs besonders von Seite des teutschen Reichs gegen Frankreich näher auseinander gesetzt und bestimmt werden. *)

Denn unser Vaterland zählt noch ältere Beleidigungen, als von welchen bisher gehandelt worden ist; es hat über altes Unrecht , List und Betrug zu klagen — der gegenwärtige Krieg wird auch von dieser Seite als gerecht und nothwendig erwiesen.

Frankreich besitzt schon durch Jahrhunderte so viele und so schöne Provinzen des teutschen Reichs, ohne einen gültigen Rechtsgrund dieses Besitzes angeben zu können. Verjährung , Derelikzion , oder Friedensverträge, welche es mit Spanien ohne vorhergesuchte Einwilligung des Kaisers und teutschen Reichs geschlossen hat, sind die Rechtstiteln, mit welchen Frankreich seine Usurpazionen beschönigt.

Daß Verjährung unter Völkern keine Erwerbungsart sey), ist von Rechtsgelehrten jeder Nazion unwiderlegbar bewiesen worden , so daß man in Völkerstreitigkeiten sich die Mühe nicht einmal mehr nimmt, diesen Satz zu untersuchen, weil weder was Mehreres, weder was Besseres hierüber gesagt werden könnte, als hundert vorher schon gesagt haben.

Die

*) Man hat hier vorzüglich die Abhandlung des Prof. Dinzenhofers genüget, die er öffentlich bey der Promozion des D. Schiffners abgelesen hat.

Die Dereliszion gründet sich in einer ausdrück-
lichen oder stillschweigenden Einwilligung des Eigenthümers, der es geschehen läßt, daß ein anderer sein
Gut besitze, oder sein Recht ausübe. Welche Einwilligung wir uns aber auch immer denken: so ist Freyheit
des Eigenthümers doch allzeit ein nothwendiges Requisit,
ohne welches Einwilligung ein Widerspruch wäre. Kann
man wohl Frankreich auf eine ausdrückliche Einwilligung des t. Reichs deuten? Ist eine Urkunde vorhanden, in welcher diese Verzichtleistung wörtlich enthalten
ist? In keinem seiner Archive wird Frankreich ein Do-
kument dieser Art vorzufinden im Stande seyn.

Es ist hier nicht die Rede von jenen Besitzungen,
die Teutschland dieser Nazion in öffentlichen Friedens-
schlüssen zugestanden hat; von diesen können und wollen
wir dermal gar nichts erwähnen; die Rede ist bloß von
jenen Städten und Ländern, die Frankreich sein nennt,
und durch einen giltigen Vertrag vom Teutschland doch
die erhalten hat.

Vielleicht kann also Frankreich auf stillschweigende
Dereliszion unsers Reichs sich stützen, weil es von diesem Besitze wuste, und doch durch Jahrhunderte dagegen nicht protestirte, auch sein Eigenthum nie forderte
oder mit Gewalt zu nehmen beflissen war? Allein blosses
Wissen und Nichtfordern ist noch kein Beweis meiner
Einwilligung; wenn ich von der Entschlossenheit des Be-
sitzers überzeugt bin, der allen meinen hundertmaligen
Widerspruch und meine nachdrucksamste Rückforderung
nur belachen, nie achten wird, — wenn ich der Schwäche
meiner Kräfte mir bewust bin, welche mir der Sache
mit Gewalt zu nehmen unmöglich macht. In beyden
diesen Fällen ist Freyheit, folglich Einwilligung und
Dereliszion nicht denkbar. Wer kann hieraus meinen
Wil-

Willen erklären, wenn ich nicht thue, was zu thun mir
unnüz oder gar unmöglich ist? Und dieß war der Fall,
in dem Teutschland sich befund. Frankreich wußte unserm Reiche so viele Feinde zu schaffen, daß es seine
äußerste Kräfte anzustrengen genöthigt ward, um nur
gegen jene sich zu erhalten; an Kriege also gegen Frankreich, um das von ihm unrechtmäßig Entzogene wieder
zu erwerben, konnte es gar nicht denken. Was hätten
auch seine Protestazionen, seine Forderungen bey einer
Nazion gefruchtet, die nur immer mehr an sich zu reissen,
und eine allgemeine Monarchie unter ihrem eisernen Zepter
zu stiften besorgt war? War es nicht unbezwingbare
politische Nothwendigkeit durch Jahre, wenn es ihrer
auch hunderte seyn sollten, zu schweigen, und den vortheilhaften Zeitpunkt geduldig abzuwarten? Frankreich
würde unsere Forderungen mit den Waffen allein beantwortet, und durch seine Uibermacht uns bey damaliger
Schwäche zu einer feyerlichen Abtretung aller Rechte und
Ansprüche genöthigt haben, wodurch wir alles und für
immer verloren hätten, da wir etwas zurückzuerhalten
bemüht gewesen waren. Wir thaten doch immer soviel,
als Klugheit zu thun uns erlaubte. Wir erklärten in
allgemeinen Ausdrücken, daß wir nie gesonnen sind, unsere widerrechtlich entrissenen Länder vergeben, und ihren Besitzer für einen rechtmäßigen erkennen zu wollen.
Jeder Kaiser beschwört es in dem X. Art. 3. §. seiner
Wahlkapitulazion.

Gewiß ist diese öffentliche, eidlich betheuerte Erklärung, welche weder auf eine gewisse Nazion, noch auf
gewisse Länder unsers R. eingeschränkt ist, ergiebig genug, um den Willen unserer Regenten klar verstehen
zu können, daß sie lebenslänglich jeder fremden Usur-
pazion überhaupt widersprechen, und nie ein Recht

II.   b   auf

auf das durch bloße Gewalt, oder durch Schleichwege Erworbene zugestehen wollen. Mehr als diesen Willen zu erklären, stand nicht in unserer Gewalt; um ihn auch auszuführen, ist bloß das Werk eines glücklichen mächtigen Ungefährs. Niemand wird vernünftig zweifeln, daß der Pariser Hof von diesen Kapitulazionspunkten die genaueste, und viel frühere Nachricht, als wir Teutsche selbst, erhalten habe; denn wer weiß die Geschäftigkeit nicht, mit der das franz. Ministerium bey den teutschen Kaiserwahlen von jeher sich betrug? Frankreich erfuhr demnach so oft unsern Widerspruch, wie oft sein forschender Gesandte ihm die neue Kaiserwahl berichtete.

Wahrscheinlich zählt Frankreich unter die bewehrtesten Scheingründe seines Besitzrechtes die Friedensverträge, welche dieser Staat in verschiedenen Jahren mit Spanien schloß. Dieser Friedensschlüsse sind hauptsächlich drey, als der Pyrenäische, oder jener auf der Fasaneninsel v. J. 1659, der Aachner v. J. 1668. und der Nimweger v. J. 1678. Das meiste, was es heutigen Tags von dem Burgundischen und Nieder-Lothringischen Reiche besitzt, hat Frankreich mittelst dieser Friedensverträge an sich gerissen. Es war für Spanien nicht schwer in die Abtretung dieser Städte und Länder einzuwilligen, da selbe ohne dieß nur Lehen des t. R. gewesen sind; Spanien also von seinem eigenthümlichen Reiche dabey nichts verloren hat; allein konnte Spanien wohl eben so gerecht, wie leicht ohne Einwilligung seines Lehnsherrn des K. diese Lehen vergeben? und aus welchem Grunde konnte Frankreich ohne erhaltene Ratihabizion des t. R. dieselben annehmen, oder die Souveränität über solche ansprechen? Spanien als Vasall, konnte dieselben nie giltig vergeben, und Frankreich konnte solche eben nur unkräftig erwerben. Da Niemand

mehr

mehr Rechte vergiebt, als er selbst besitzt, und Niemand
mehr Rechte erwirbt, als auf ihn übertragen werden
können: so blieben beyde Nazionen immer in dem Verhältnisse, daß die eine nicht geben, die andere nicht nehmen durfte. Glaubte Frankreich als ein freyer unab-
hängiger Staat an die politischen Lehnsgesetze unsers
t. Reichs, nämlich an die Longobardischen nicht gebunden
zu seyn: so mußte es doch die Kraft der natürlichen
Lehnsgesetze erkennen, welche allein schon den Vasallen
verbinden, das Lehn ohne Vorwissen und Genehmigung
des Lehnsherrn nicht zu veräußern.

Weder vor, noch nach diesen Friedenschlüßen
ist unser t. R. von Frankreich oder Spanien um seine
Genehmigung je ersucht worden, und bevor schon ist
erwiesen worden, daß es dieselbe stillschweigend späterhin
nie gegeben habe. Wäre aber auch Frankreich durch
die teutschen Lehnsgesetze in seinen Erwerbungen nicht
eingeschränkt gewesen: so war es doch Spanien in Vergebung dieser Lehen. Spanien besaß Burgund, und
die Niederlanden als Lehen des t. R. Es mußte sich also
jene Gesetze gefallen laßen, welche Teutschland ihm in
Rücksicht dieser Länder vorschrieb. Der K. selbst darf
nach oben angeführtem X. Art. 1. §. d. W. C. ohne
Einwilligung der Stände nichts vergeben; wie soll es
sein Vasall dürfen? Wenn ja also Frankreich gültig
hätte annehmen können: so konnte doch Spanien nie
gültig versprechen; und dann kann schon an Vertragskraft
nicht mehr gedacht werden. Doch vielleicht hat Frankreich nicht einmal gewußt, daß diese Eroberungen teutsche Lehen sind, und wenn es auch gewußt hat, vielleicht war
Frankreich nicht verbunden, Spanien an seine Pflicht zu
erinnern? Es konnte vermuthen, Spanien werde gegen
sein Gewissen nie handeln, und treulos einen Frieden,

ben es zu halten nie vermöge, nur zum Scheine
schließen, es werde folglich jedes mögliche Hinderniß in
voraus schon gehoben, also auch um die Einwilligung
des t. R. sich beworben haben.   Weil Niemanden seine
schuldlose Unwissenheit oder fremdes Verbrechen zum
Schaden gereichen kann: so darf auch Frankreich an sei=
nen erworbenen Rechten nicht verkürzt werden —

Ob Frankreich das Lehnsverhältniß zwischen
Teutschland und Spanien kannte; scheint eine Frage zu
seyn, die nicht beantwortet zu werden verdient. Frank=
reich, welches von jeher um genaueres Kenntniß der
Interesse, und der verschiedenen Verhältnisse aller euro=
päischen Staaten, und besonders Teutschlands sich stäts
äußerst bekümmert hat — dieses soll diesen Lehnsnexus
wegen Burgund und Lothringen, worüber schon unter
den karolingischen K. K. beständiger Krieg geführt, und
unter ihren Nachkömmlingen durch Jahrhunderte fortgesetzt
worden ist, nicht gewußt haben? Wäre dieß möglich: war=
um hat wohl Spanien auf besonderes Verlangen Frankreichs
in Nimweger Fr. Art. 13. versprechen müssen, binnen Jahr
und Tag, den kaif. Konsens zur Uibergabe der Stadt
Dinant bewirken zu wollen, widrigenfalls Frankreich
die in Besitz gehabte Stadt Charlemont behalten würde?
Hat Frankreich hiedurch sein genaues Kenntniß des teutschen
Lehnsverhältnisses nicht sattsam verrathen? Und warum
hielt Frankreich die t. Reichseinwilligung wegen Dinant
für nothwendig? War Spanien in Vergebung anderer
Städte weniger eingeschränkt? War es wegen Dinant
mit dem t. R. enger als durch das Lehnsband ver=
knüpft? Frankreich wird manche politische, aber nie recht=
liche Antworten auf diese Fragen geben können. Da
Frankreich einen dauerhaften Frieden schließen wollte,
hat es die Klugheit für sich schon zur Nothwendigkeit ge=

macht,

macht, den pazißzirenden Gegentheil anzuhalten, damit solcher seine Vasallenpflicht beobachte, und den Konsens seines kaiserl. Lehnsherrn bevor ansuche. Frankreich war am meisten dabey interessirt; denn der spanischen Krone konnte es allenfalls gleichgiltig seyn, ob Frankreich auf seine Gefahr den Besitzstand der neu erworbenen Länder antreten, und denselben gegen Teutschland behaupten wolle. Mit besserm Grunde, wenigstens eben so richtig konnte Spanien vermuthen, daß Frankreich um die Einwilligung des t. R. sich bekümmern werde, weil Spanien vorhersehen konnte, daß Frankreich in seinem neuen Besitze ruhig und ungestört zu verbleiben wünschen werde? Was liegt nun aber auch daran, wenn Spanien allein gesündiget hätte? Frankreich hätte zwar dieß fremde Gebrechen nicht zu büßen; allein dürfte deßwegen der Lehnsherr, das t. Reich in seinen Rechten verkürzt werden? Es bleibt doch immer gewiß, daß Frankreich im unrechtmäßigen Besitze dieser Länder sey, und Teutschland solche mit allem Grunde zurückfordern dürfe. Klagt Frankreich über Verlegung, so mag es Spanien anklagen, und von dem Entschädigung verlangen, welches ihm versprach, was es zu leisten nicht befugt war. Teutschland verlangt nur das Seinige.

Damit man aber ja nicht glaube, die Forderungen Teutschlands an Frankreich seyen unbedeutend, folglich eines so kostbaren Krieges unwerth: so will ich in Kürze jene vorzüglichern Provinzen und Städte angeben, die Frankreich bisher ohne einigen rechtskräftigen Titel sich zugeeignet hat.

Bur=

A. Von dem ehemaligen Herzogth. Burgund.
1) Provence.

Von dem ehemaligen Herzogthume Burgund kann Teutschland 1) die Provence mit Recht noch ansprechen. Diese Grafschaft besaß unter Rudolf I. von Habsburg Raymund Berengar, welcher im J. 1245. ohne männliche Erben starb. Rudolf wollte diese Grafschaft als ein apertgewordenes Lehn dem t. R. einverleiben; allein auf Vermittelung des P. Niklas III. vergab er sie zu Wien 1280. lehnsweise an Karl von Anjou, nachherigen K. von Sizilien *). Man ersieht zugleich, daß Provence nicht an Frankreich, sondern an Sizilien vergeben worden sey. In dieser Eigenschaft blieb Provence bis auf Karl IV. von Sizilien, welcher 1487. starb, und Ludwigen XI. K. in Frankreich, zum Erben dieser Grafschaft einsetzte. Da solches unter der schläfrigen Regierung K. Friedrich III. geschah: war es Ludwigen von Frankreich leicht, den Lehnsnexus ganz aufzuheben; und wir finden wirklich von dieser Zeit keine Spur dieser Lehnbarkeit mehr.

Es ist leicht den rechtlichen Besitzstand Frankreichs zu prüfen. Als Erb konnte Ludwig rechtmäßig nicht folgen, weil Karl als Vasall darüber nicht zu testiren befugt war; und als nächster Anverwandter trat er in alle die Verbindlichkeiten seines Vorgängers ein. Er blieb also Vasall, was Karl war. Daß K. Friedrich diese Eigenmacht Ludwigs nicht sogleich zu ahnden trachtete, hat weder seinen, noch viel weniger den Rechten unsers t. R. etwas entzogen. Politische Umstände ma=

*) Den Lehnsbrief führt Leibniz in Cod. Jur. Gent. in dessen Prodr, n. XV. Bl. 20. an.

machen, wie schon bevor angemerkt worden ist, es oft dem Regenten unmöglich, seine Rechte mit Gewalt zu behaupten; und daß ein Prodominus, besonders eines ganzen Staates ohne Einwilligung der Stände nichts vergeben dürfe, ist eine Rechtsregel, die selbst Frankreich für richtig angenommen hat; deßwegen es auch den Madrieer Frieden (1526) unter diesem Scheingrunde für ungültig erklärte, weil sein Regent zu geben versprochen, worin die Stände nicht eingewilliget haben. Kann ein ausdrückliches Versprechen Franzens I. der sein Reich doch unbeschränkt beherrschte, ohne die Genehmigung seines Staats nicht wirken: noch viel weniger wird eine bloße Unterlassung unsers Kaisers, der Teutschland nicht so unbeschränkt regieren konnte, wirken. Genug: daß weder K. Friedrich, noch einer seiner Nachkömmlinge in die Abtretung der Provence ausdrücklich eingewilliget hat. Vielmehr hat K. Max. I. im Entwurfe der Reg. Ord. zu Worms v. J. 1495. erklärt, daß Italien, Arelat — und ander zum T. R. gehörig, so ein Zeitlang davon gewesen, wieder mit den besten Fugen bewegt werden, sich andern im Reich gleichmässig zu halten. Diese Erklärung war immer hinreichend Friedrichs Saumseligkeit, wenn ja eine unterlaufen ist, zu verbessern. Mit Maxens Nachfolger Karl V. hat die eigentliche Wahlkapitulazion, wie es bekannt ist, angefangen; und von dieser Zeit ist um so weniger auf eine stillschweigende Verzichtleistung zu schließen.

2) Lyon.

Noch größer ist der Unfug, mit welchem Frankreich das Erzbisthum und die dazu gehörige damalige Baronie Lyon behält. Selbe war bis zu Philipp dem Schön.

Schönen ein unstreitig teutsches Lehn. Philipp zwang im
J. 1307. den Erzbischof, gegen Vorbehalt der Gerichts=
barkeit, den Unterthaneneid ihm zu leisten , und schmei=
chelte dem Erzbischof dadurch: daß er diese Baronie zu
einer Grafschaft erhob. Der Erzbischof war schwach ge=
nug , um des bloßen Grafen = Titels wegen den vorigen
Eid zu brechen , doch scheint es daß er dadurch sein Gewissen
habe beruhigen wollen, daß er im 9. §. des Doku=
ments , wie solches Leibnitz a. a. O. Bl. 47. anführt,
sich erklärt : Item Archiepiscopus faciet Dno Regi
fidelitatem , *ita tamen* : *quod bona ecclesiæ propter
hoc non sint de feudo Dni Regis.* Also blieb dieser
Distrikt noch ein teutsches Lehn, da es nach den klaren
Worten der Urkunde ein französisches zu seyn nicht an=
fieng. Doch im J. 1563. ward auch die dem Erzbi=
schof vorbehaltene Gerichtsbarkeit davon getrennt , und
solche der Krone einverleibt, welches Attentat der einzi=
ge Rechtstitel des souveränen Besitzes Frankreichs über
dieß Erzbißthum ist.

3) Delphinat, Dauphiné.

Humbert der letzte Graf von Dauphiné übertrug
aus Mißmuthe seine Grafschaft im J. 1343. an Frank=
reich. Weil sein einziger Sohn, noch ein Kind , mit
dem er am Fenster unvorsichtig scherzte, hinabfiel, und
in dem vorbeyfließenden Wasser ertrank, ward ihm die
Welt verhaßt, und er wählte das Mönchsleben. Teutsch=
lands oberlehnsherrliche Rechte auf diese Grafschaft sind
unwidersprechlich. Denn 1) ist dem 28. Art. wie Leib=
nitz a. a. O. dieß Instrument 158 Bl. anführt , die
Klausel beygerückt, daß solche Schenkung ohne Prä=
judiz des t. R. geschehen solle. 2) Hat (nach dem Zeugnisse
des

des Villanus und Paulus Jovius) Philipp VI. von Frankreich selbst um die Bestättigung dieses Vertrags bey K.
Ludwig IV. angesucht, welche derselbe ihm zwar ver-
sagte, aber eben deßwegen an Philipp den eifrigsten
Geschäftsträger erfubr, der seine Loßsprechung von dem
Kirchenbanne zu hintertreiben bemüht war. Dieser Philipp verwandte sich hernach an den Papst Benedikt XII.
welcher unter dem Vorwande, daß ihm während der
Exkommunikazion die Verwesung Teutschlands gebühre,
diese Bestättigung ohne Schwierigkeit ertheilte. Albert
von Straßburg versichert, 3) daß Karl IV. Philipps
des V. Sohn Karl, mit Dauphine belehnt habe, und
eben dieser Kaiser hat 4) mit Joh. dem Guten von Frankreich im J. 1355. den Vertrag geschlossen, damit auch
dessen Sohn mit dem Delphinat belehnt werde. Eben
von diesem Karl IV. ist 5) der Dauphin Karl zum
kais. Provinzial = Verweser durch Burgund ernannt
worden. Theodorikus v. Niem tadelt zwar deßwegen
unsern Karl, daß er ganz Burgund für eine Mahlzeit
verschenkt habe; allein dieser Vorwurf ist ungegründet,
theils weil Karl bloß die Statthalterschaft, und selbst
diese nur auf Lebenszeit des Dauphins verliehen hat;
theils auch, weil Karl selbst noch 1365. in Burgund als
König sich krönen ließ, und wie bekannt, in der G. B. den
Churf. v. Trier zum Erzkanzler für Arelat oder Burgund
bestimmt hat. Als dieser Karl, der Dauphin, 1392.
wahnsinnig ward, hat K. Ruprecht statt dessen seinen
Sohn Ludwig zum R. Verweser von Burgund ernannt,
und von Friedrich III. erzählt Goldast, daß er diesen
Ludwig, im J. 1444. als einen dem H. R. Ver-
wandten, und Vikarius zur Hülfleistung der Stadt
Zürich gegen die schweizerischen Verbündeten aufgefor-
dert

dert habe. Von May. I. hab ich schon erinnert, daß
er im Entwurfe der Regimentsordnung auf dem R.
Tag zu Worms 1495. festgesetzt habe, alles, was
von Arelat dem Reiche entrissen worden, solle demselben
wieder einverleibet werden. Endlich führt Chiflezius den
Brief Karls V. an, in welchem dieser K. das Delphinat,
als ein unbezweifelt teutsches Lehn, anspricht. Die übrigen K. K. haben Dauphiné namentlich nicht mehr ange-
sprochen, aber in der Wahlkap. unter den übrigen vom
Reiche abgerissenen Ländern mitbegriffen.

4) Bresse.

Die Landschaft La Bresse nebst Bauge war bis zum
J. 1601. ein Lehn, welches Savoyen vom teutschen Reiche
erhielt: In diesem J. vergab mittelst des Lyoner Friedens
Herzog Karl Emanuel diese Grafschaft gegen das Marquisat
Saluzzo an Frankreich. Dieser Tausch, ohne vorherige
Einwilligung unsers R. war für sich schon ungültig, we-
nigstens konnte gewiß mehr nicht, als Vasallenrecht auf
Frankreich übergehen; indem selbst nach den Worten
des Vertrages der Herzog diese Grafschaft so und mit
den Rechten, die er selbst hatte, abtritt.*)

5) Burgund.

Die Grafschaft Burgund ward unter Reinhold
dem III. Franche Comté, gleichsam freye Grafschaft
genannt, weil dieser Reinhold unter Lothar II. sich
von der teutschen Lehnsverbindlichkeit frey machen wollte.
Unter Karl IV. starb die ältere Linie der Grafen v.
Burgund aus, und dieser K. verlieh Burgund nun der jüngern herzoglichen Linie, und zwar Philipp dem Kühnen, wie
fol-

---

*) S. Schmausens Corp. iur. Gent. N. LXXXI.

solches Bodinus selbst, ein franzöf. Schriftsteller de rep.
mit den Worten erzählt: Burgundiam liberam Car.
IV. Cæs. Philippo audaci imperiali jure fruendam
dedit. Von deſſen letztem Nachkömmling Karl d.
Kühnen kam Burgund mittelst seiner Tochter Maria an
May. I. welcher alle diese Länder auf dem R. T. zu
Köln 1512. in einen besondern R. Kreis einzog. Dieß
war die Epoche, von welcher Zeit ganz Burgund uns
streitig ein teutsches Appertinenz geworden. Mit dem
sämmtl. Niederlanden kam diese Grafschaft nun an Karls
V. Sohn Philipp, wodurch selbe Spanien, jedoch als ein
teutsches R. Lehn zu besitzen anfieng; bis Karl II. K.
v. Spanien diese Franche Comté in dem Nimweger
Frieden an Ludw. XIV. abtrat. Noch im J. 1709.
hat das t. R. solche ausdrücklich zurückgefordert, jedoch
was zu vermuthen war, ohne Wirkung. Sie gehört
zu jenen Besitzungen, die Frankreich durch einen ungil-
tigen Frieden erschlichen hat.

6) Besancon.

Die Hauptstadt von Franche Comté war Besancon, welche noch 1543 eine unmittelbare teutsche freye
Reichsstadt war, wie sie sich dann selbst auf den Münzen
dieses Jahrs nennt: Civitas imperialis. Allein im
J. 1654. ward sie mit Einwilligung des t. R. an Spanien gegen Frankenthal, welches dem Hause Churpfalz
zurückgestellt werden sollte, abgetreten. Nun ward sie
zu einer mittelbaren Stadt Spaniens, und Spanien hat
solche, wie mehrere andere durch den Nimweger Frieden
an Frankreich übergeben. Hätte Spanien wirklich die
Stadt Besancon in dem Frieden giltig übertragen,
welches es doch als Vaſall nicht vermochte: so würde
Frank:

Frankreich nichts destoweniger auf das Erzb. Besancon nie ein Recht erhalten haben, weil selbst in dem Frieden nur immer die Stadt genannt wird; von dem Erzbisthum aber, welches auch vom teutschen R. nie an Spanien vergeben wurde, folglich seine teutsche Unmittelbarkeit stäts behielt, in diesem Frieden nie mit einem Worte Erwähnung geschieht. Daher wird auch der Erzbischof noch heutigen Tags zur Stimmgebung auf dem Reichstage vorgerufen, wiewohl er seit 1676. auf Verboth der R. K. von Frankreich nicht mehr erscheinen darf.

B. Von dem ehemaligen Lothringischen Reiche.
Ober = Lothringen. Elsaß.

Die Aquisizionen, welche Frankreich in dem ehemals Lothringischen Reiche gemacht hat, sind nicht minder beträchtlich. Dieses Lothringen war sonst in Ober = oder das Moselanische, und in das Nieder = Lothringen, oder Lotharingia Ripuariorum abgetheilt. Zu dem Ober = Lothringischen Herzogthume gehörte die Landgrafschaft Elsaß. Ein Land, welches Frankreich schon lange Zeit lüstern machte, solches in seine Gränzen einziehen zu können. Bey dem W. Fr. gelang es ihm endlich seinen hundertjährigen Wunsch erfüllen zu können, und das t. R. hat sowohl Ober = als Nieder = Elsaß mit Saufgen überhaupt in dem Münsterischen Fr. Inst. Art. XI. §. 73. u. 74. mit aller Souveränität an Frankreich abgetreten. Die Landgrafschaft selbst also besitzt Frankreich mit vollem Rechte; aber in dieser Landgrafschaft waren 10. R. Städte, als: Kolmar, Kaisersberg, Münster in St. Gregorienthal, und Türkheim oder Turingheim im Obern = und sechs. d.

l.

1. Hagenau, Schlettstadt, Weißenburg, Landau, Ober =
Ehenheim, Roßheim im untern Elsaß, nebst mehre=
ren R. Rittergütern eingeschlossen, welche eigentlich zu
Elsaß nicht gehörten, sondern eben sowohl unmittelbare
R. Vasallen u. R. Städte waren, wie noch heutigen Tages
die R. Ritterschaft in den fränkischen, schwäbischen, und
rheinischen Kreisen ist.   Ueber diese Städte u. R. Un=
mittelbare erhielt es das Vogteyrecht (Landvogtey Ha=
genau) welches, wie bewußt, nur Schutz, nicht auch Ma=
jestät gewährt.   Weil Frankreich im W. Fr. ganz Elsaß
zur Entschädigung der gemachten Kriegsunkosten forderte:
ward ihm vom Reich so viel zugesagt, als jeder dabey
interessirte Theil von seinem Rechte zu vergeben im·
Stande war.   Daher der 73te §. dieses Münster. Fr.
Instr.

Schon aus den Worten dieses §. wäre klar ab=
zunehmen, daß das R. und das erzherzogl. Haus
Oestreich über diese 10. R. Städte, und den übrigen dor=
tigen unmittelbaren R. Adel mehr nicht, als die bloße
Präfektur d. i. das Vogteyrecht abgetreten habe, beson=
ders da das nämliche in dem folgenden 74. §. wieder=
hohlt wird, wo wieder nur die Worte : tum etiam
præfectura provincialis in dictas 10. civitates &
loca dependentia vorkommen.   Weil aber in eben die=
sem §. gesagt wird, daß alle diese Orte absque ulla
reservatione cum omnimoda jurisdictione & supe-
rioritate, supremoque dominio an Frankreich ver=
fallen sollen, folglich hieraus die Souveränität, über
diese 10. Städte und den Elsaßischen R. Adel könnte
behauptet werden : so hat man vorsichtlich den 87ten
§. des Art. XII. als einen Erklärungsnachtrag abgefaßt,
welcher allen weitern Zweifel überflüßig macht. „Der
allerchristlichste König wird verbunden, nicht nur die

Bischöfe von Straßburg und Basel*), sondern auch alle
übrige dem Römischen Reiche im untern- und obern
Elsaß unmittelbar untergebene Reichsstände, sammt
den zehen Reichsstädten, welche zu der Landvogtey
Hagenau gehören, in jener Freyheit und dem Besitze der Unmittelbarkeit gegen das römische Reich,
deren sie sich bisher zu erfreuen gehabt, zu belassen,
dergestalten, daß er keine weitere königliche Hoheit
über sie ansprüchig machen könne, sondern mit
jenen Gerechtsamen sich begnüge, welche dem Hause
Oestreich gehörten, und durch diesen Friedensschluß
der Krone Frankreich sind übergeben worden.

Kann eine Erklärung deutlicher seyn? — und doch
hat Frankreich im J. 1672. sowohl diese R. Städte, als
andere Reichsstände mit Gewalt und gegen alle mögliche rechtsgiltige Einwendungen zu seinen Unterthanen
gemacht. Die kais. Gesandten haben zwar bey den
Traktaten vor dem Nimweger und Ryswicker Frieden
zwischen Frankreich und dem t. R. auf das Anerkennt-
niß dieser N. Unmittelbaren gedrungen; allein dieser Forderung suchten die jenseitigen mit dieser kahlen Antwort
auszuweichen, daß sie vorgaben: zur Entscheidung dieses
Anspruches von ihrem Hofe nicht bevollmächtigt zu seyn,
und weil in den Friedensinstrumenten selbst von diesen
Forderungen keine Erwähnung mehr geschah, behaupteten die Franzosen, Teutschland habe nun gar Verzicht
darauf geleistet, indem es diese Streitsache vor dem Frieden

*) Nebst der Stadt Straßburg — die
aber hernach Frankreich auch wegnahm (1681)
und nach vielen fruchtlosen Versuchen und Ge-
genvorstellungen durch den Ryswicker-franzö-
sisch-teutschen Frieden behauptete.

ben so eifrig betrieb, und doch bey Abfassung des Frie=
densschlusses ganz außer Acht ließ.   Allein war es wohl
nicht wieder unwiderstehbare Nothwendigkeit für Teutsch=
land von diesem Anspruche indessen abzulassen , um den
Frieden herzustellen, der nicht erfolgt wäre, wenn un=
ser R. auf dieser Forderung hartnäckig bestanden hätte?
Um nichts einzugestehn, und doch zur Unzeit nichts er=
zwingen zu wollen , hat Teutschland im Nimweger
Friedensschl. §. II. (1679.) und im Ryswicker Fr. §. III.
(1697.) den westphälisch = münsterschen Frieden zum
Grunde gelegt.   In den folgenden Friedenschlüssen von
Rastadt und Baaden in Ergau Art. 3. (1714.) wurden
wieder die vorigen, ohne mindeste Ausnahme, bestätti=
get.   Hiedurch hat also Frankreich deutlich erklärt,
daß es von den alten und vorgegangenen Friedens=
schlüssen nur in so weit abgehen wolle , als die Aus=
nahmen in diesen spätern Friedenschlüssen klar angezeigt
seyn würden.   Nun ist dieser Elsaßischen R. Städte und
der R. Unmittelbaren weder im Nimweger noch Ryswicker
und folgenden Fr. Instrumenten auch nur mit einem Worte
erwähnt worden ; folglich blieben sie in dem nämlichen
Zustande , in welchem sie der W. Fr. gesetzt , d. i.
Frankreich hat das Schutzrecht ; aber keine Majestät
über sie , welche es doch bisher usurpirt.   Das t. R. hat
niemals in eine gänzliche Unterwerfung gewilliget ;
sondern vielmehr in allen Kais. Wahlkapitulazionen hierauf
Rücksicht genommen, und den französischen Usurpazionen
widersprochen *)

Ist

*) Hier verdient besondere Aufmerksamkeit (S ch r a=
     g i u s) Nullitas, iniquitasque reunionis Alsa-
     tiæ 1707. 4. mit 73. Dokumenten — Und: Ver=
such

Ist also wirklich ganz Elſaß mit der völligen Oberhoheit an Frankreich abgetreten worden? Der vormalige Deputirte bey dem franz. Nazionalkonvent Koch hat in ſeinem an die Nazionalverſammlung erſtatteten Berichte dieſe Frage bejahet, und ſich auf eine in dem Archive der auswärtigen Angelegenheiten zu Paris auf= bewahrte, mit zahlreichen Sigillen und Unterſchriften der Bevollmächtigten des Kaiſers, der Churfürſten, Fürſten und Stände des Reichs verſehenen Zeſſionsur= kunde berufen.

Einige zweifelten an der Aechtheit dieſer Ur= kunde: Allein Pfeffel in ſeinem Traktat de limite Galliæ führt ſie auch ſchon an. Das Projekt einer kai= ſerlichen Zeſſion der an Frankreich überlaſſenen Pro= vinzen und Oerter ſtehet wirklich in Mejern weſtphäl. Friedenshandlungen Th. 5. S. 166., und ſtimmt mit der von Koch Auszugsweiſe abgedruckten Urkunde im Weſentlichen ganz überein. Lieſt man nun dieß Projekt im Zuſammenhange, und vergleichet es mit dem Kochi= ſchen Fragmente: ſo findet man, daß dieſe Urkunde keine Abtretung des ganzen Elſaſſes beweiſe, und daß nichts anders geſagt werde, als uns durch den 73. 74. und 87. §. des münſterſchen Friedens beſtimmt worden iſt. Denn unter den Worten Alſatiam utramque kann nichts anders, als der *Landgraviatus* Alſatiæ ſupe= rioris & inferioris verſtanden werden: und es iſt auch durch die Klauſel: ſalvis tamen iis, qui excepti &
Imp.

ſuch einer aktenmäßigen Geſchichte der zehn vereinigten Reichsſtädte in Elſaß Ulm 1791. 8. einzelen, und auch als Anhang zum 2ten B. von Jägers juriſt. Mag. für die teutſche Reichsſtädte: ebend. 8.

Imperio Romano refervati funt, dasjenige wiederho=
let werden, was §. 87. des münsterschen Friedens fest=
gesetzt worden war; nämlich, daß Frankreich nicht nur
die Bischöfe von Straßburg und Basel, nebst der Stadt
Straßburg, sondern auch die übrigen im Elsaß begü=
terten, dem römischen Reiche unmittelbar unterworfenen
Stände, die Aebte von Murbach und Lüder, die Aeb=
tissinn von Andlau, das Kloster St. Gregorienthal, die
Pfalzgrafen von Lützelstein, die Grafen und Freyherrn
von Hanau, Fleckenstein, Oberstein, und die Ritter=
schaft des Unter=Elsasses; ingleichen die zehn Reichs=
städte in derjenigen Freyheit und Reichsunmittelbarkeit,
worinn sie sich bisher befunden, lassen solle, dergestalt,
daß sich Frankreich über sie keine Hoheit anmasse, son=
dern sich mit den Rechten begnüge, welche dem Hause
Destreich bisher zugestanden hätten, und Frankreich
durch diesen Friedensschluß (§. 73. und 74.) überlassen
worden wären.   Weitläuftiger führet die Sache aus C. F.
Häberlin: Entdecktes Falsum in der Elsasser Angelegen=
heit (in der deutsch. M. Sch. Jul. 1793.)

Nieder = Lothringen.

Von Nieder = Lothringen hat Frankreich alles,
was es besitzt, durch die obermähnten einseitigen Frie=
beneschlüsse mit Spanien, erworben.   Da die Wider=
rechtlichkeit, folglich auch Ungültigkeit dieser Friedens=
vertrage schon erwiesen worden: so finde ich nichts mehr
nöthig, als bloß die Städte und Derter zu nennen, die
durch jeden dieser Fr. Inst. an Frankr. übergangen sind.

In dem Pyrenäischen Fr. nämlich v. J. 1659.
vergab Spanien in dem 35ten Art. von der Grafschaft
Artois: die Städte Arras, Hesdin, Bapaume, Betbune,
Lillers, Lens, S. Paul, Terroanne, oder Ternaw, das
sammt den dazu gehörigen Aemtern.   Von Flandern
II.   c   durch

durch den 36. Art. die Städte: Grevelingen, das Fort
S. Philippe, Sluys und Halewin, Bourbourg, S.
Venant und die dazugehörigen Aemter. Durch den 37.
Landrecy und Quesnoy von Hennegau. Im 38. vom
Herzogthum Luxenburg : die Städte Thionville, oder
Diedenhofen Montmedy, Damviller, Yvoy, Chavanen,
Marville und was dazu gehört. Im 39=40 dann wieder
von Hennegau Avesnes, Philippeville, Marienbourg.
Im 42. und 43. S. trat Spanien ab die Grafschaft
Roussillon, Constans.

Durch den Aachner Fr. v. J. 1668. erhielt
Frankreich im 3. und 4. Art. verschiedene Städte von
Flandern und der Grafschaft Namur, Charleroy, Bing,
Ath, Oudenarde, Dauay, L'Isle (oder Lille, Ryssel),
Armentieres, Fort d'Escarpe, Tournay, Courtray,
Winoxbergen, und Furnes mit allen Aemtern: wo=
von aber viele wieder durch andere Friedensschlüsse an
Teutschland zurückfielen ; doch behielt Frankreich die
Städte Lille oder Ryssel, Armentieres, Douay mit dem
Fort an der Scarpe.

Im 11ten und 12ten Art. des Nimweger Fr.
v. 1678. verschenkte Spanien den grösten übrigen Theil
von Flandern und Hennegau , nämlich die befestigten
Städte Valenciennes, Bouchain, Condé, Maubeuge,
Bavay, Cambray oder Camerich u. s. w.: Ferner die Städte
von dem Herzogthum Artois: als Aire, und St. Omer.
In dem Ryswicker Fr. gieng alles an Frankreich über,
was Spanien von Artois noch innen hatte.

Wir müssen also wohl acht nehmen , daß hier
nicht jener Nimweger und Ryswicker Fr. genennt werde,
welchen Frankreich mit dem teutschen Reiche schloß. Was
Frankreich in diesem erworben: hat es giltig erworben ;
wir verstehen jene Friedensschlüsse, die Frankreich zwar

an

an eben den Oertern, und faſt im nämlichen Jahre, aber partikulär mit Spanien eingegangen, und welche Teutſchland nie als gültige Verträge anerkannt hat. Konring macht in ſeinem Werke de finibus imp. Germ. (Annot. ad L. II. Cap. 24. p. 40.) die richtige Anmerkung: Der Hirt, welcher dem Wolfe einige Schafe giebt, um ſeine Gefräßigkeit zu ſtillen, reißt denſelben vielmehr, mehrere verlangen zu wollen. Dieſe Ungenügſamkeit Frankreichs hat Teutſchland und Spanien zu ſeinem größten Schaden erfahren.

Nun mag jeder Unbefangene urtheilen, ob Frankreich dem t. R. wenig entriſſen, ob das r. R. von Frankreich wenig zu fordern habe, folglich ob es der Mühe lohne, Krieg zu führen. Höchſtens könnte Frankreich den Lehnsgenuß dieſer Länder anſprechen; ob aber Teutſchland, da Frankreich itzt keinen König mehr erkennt, bemüſſiget ſey, ſeine Lehen auf dieſen tumultuariſchen Staatskörper zu übertragen? Dieß wird wohl keine Frage ſeyn.

2.

Züge einer edeln und erhabenen Dame, einer Böhminn. 1793.

Züge eines edeln, erhabenen Herzens, bey hoher Geburt und eben ſo hohem Range, verdienen um ſo mehr bekannt zu werden, als ſie unſere ganze Bewunderung an ſich ziehen, und dem gefühlvollen Menſchen ein wahres Feſt ſind. Wer lieſt Folgendes, und bewundert — doch kalt iſt dieſe Empfindung für eine That, die ſo ganz die Wirkung eines edeln Herzens iſt — verehrt ſie nicht die erhabene — uns Böhmen ewig unvergeßliche Menſchenfreundinn? —

Mit

Mit Vergnügen erinnern wir uns noch an ein
Volksfest, das vorm Jahre während der Krönung un=
sers allgeliebten Königs am 12ten August auch in der
Absicht gefeyert wurde , so manches Paar glücklich zu
machen. *) Unter den Bräuten, die bey dieser Gele=
genheit verehligt wurden, und eine reichliche Ausstattung
bekamen, befand sich auch Eine aus dem Pilsner Kreise
von der k. Religionsfondherrschaft Chotieschau. Die
Frucht ihrer Ehe war nun ein Mädchen. Die Mutter
des Kindes — Kaurzimekinn ist ihr Namen — erinnerte
sich an die besondere Leutseligkeit und die gnädige Her=
ablassung der Frau Gräfinn von Rottenhan , geb. Gr.
Czernin , und wagte es , nach ihrer Niederkunft,
dieselbe zur Gevatterinn zu bitten. Die hohe Menschen=
freundinn erfüllte den Wunsch der Mutter, und schrieb
ihr folgende Antwort:

„Meine liebe Kaurzimekinn!

Jhr Gevatterbrief hat mich auf eine sehr angenehme
Art überrascht. Es freut mich ungemein, daß Sie sich
der rührenden Veranlassung erinnert, die uns in Prag
bey der Krönungsfeyer unsers guten Kaisers (Franz II.)
be=

*) Beschreibung des Aerndte = und Rosenfestes,
welches in Gegenwart J.J. M.M. Franz II.
und Marien Theresiens Königs und Kö=
ginn von Böhmen durch die Landesstände
veranstaltet, von dem im Parke Bubenetsch
bey Prag versammelten böhmischen Landvol=
ke den 12. Aug. 1792. gefeyert worden. Prag
bey Calve 4. Bog. 5 1/2.

bekannt machte. Das liebe Kind, mit welchem der
Himmel nunmehr Ihre Ehe gesegnet, nehme ich als
Pathe mit innigem Vergnügen an. Ich und meine
Kinder haben uns bereits an die Arbeit gemacht, um
die Kinderwäsche fertig zu bringen, die ich Ihr durch
das k. Kreisamt zuschicken werde. Ich wünsche Ihr
indessen, meine Liebe, Gottes Segen, und verbleibe

Ihre

Wien den 17ten July   aufrichtige Freundinn
    1793.   und Pathe Gabriela
                            Gräfinn v. Rottenban.

Hier noch etwas sagen zu wollen, hieße die
schönsten Empfindungen hemmen, die gewiß jedes Herz,
fähig das Gute zu fühlen, hier überströmen.

3.
Etwas von den Mysterien der Aegyptier. *)

Apulejus, der einzige aus allen ältern Schriftstellern, welcher die äußern Umstände seiner Einweihung in die ägyptischen Mysterien einigermaßen be-
richtet, **) suchte, so bald er den innern Trieb, in den
Aegyptier Priesterorden aufgenommen zu werden, empfand, mit den Dienern des Tempels bekannt zu werden.
                                                    Er

*) Nach den Schriften des unsterblichen H. R. v.
    Born bearbeitet.
**) Apuleji Metamorph. L. XI.

Er prüfte seine Kräfte und ob er Gewalt genug über
sich habe, seine Leidenschaften zu bekämpfen, und dann
wagte er es dem Oberpriester seinen Wunsch zu eröffnen.
Dieser ehrwürdige, an die pünktliche Befolgung der
Gesetze gewohnte Weise, nahm sein Gesuch gütig auf,
mäßigte sein heisses Verlangen nach den Geheimnissen
des Ordens mit liebreichen Gründen, wie ein Vater mit
seinem Sohne zu thun pflegt, verwies ihn an die gesetzmäßige Zeit, die er ausharren, die er nicht durch Un-
gestümm abkürzen, der er aber auch nicht mit lauer Gleich-
gültigkeit entgegen sehen müsse; stellte ihm die Wichtig-
keit des Schrittes, den er machte, die Nothwendigkeit,
die körperliche Hülle, den sinnlichen Menschen abzulegen,
die mit seinem Unternehmen verbundenen Gefahren, und
die Größe des Gegenstandes, den er suchte, vor; schil-
derte ihm die Reinigkeit der Lehre, die erhabenen Begriffe von Gott und der Natur, die er in dem Tempel
hören würde, ermahnte ihn zu einer ernstlichen Vorbe-
reitung, und erinnerte ihn an die Kosten, welche er bey
seiner Einweihung würde entrichten müssen.

Endlich nahte die Zeit der Aufnahme heran.
Ich will den Apulejus die Zeremonien seiner Einweihung selbst erzählen lassen. „Der Tag — so rief ihm
„der Oberpriester zu — der Tag, der deine frommen
„Wünsche krönen soll, ist nahe. Durch meine Hände
„sollst du in die ehrwürdigen Geheimnisse der Isis ein-
„geführet werden. Mit diesen Worten reichte mir der
„liebenswürdige Greis seine Rechte, leitete mich an die
„Pforte des Tempels, öffnete sie mit dem gewöhnlichen
„Gepränge, opferte den Göttern, holte einige heilige
„Bücher aus dem unzugänglichen Heiligthume, und
„forderte die für die Einweihung bestimmten Kosten ab.
„Dann brachte er mich, von den Dienern des Tempels
// be-

„begleitet, nach dem Bade. Man wusch mich, söhnte
„mich mit den Göttern aus, besprengte mich unabläs=
„lich mit Wasser, und führte mich gegen Abend an den
„Tempel der Isis zurück, wo man den Umstehenden
„durch Zeichen verschiedenes gebot, mir aber befahl,
„mich durch 10. Tage alles Fleisches und des Weins
„zu enthalten. Mit heiliger Ehrfurcht befolgte ich dieß,
„und am 10ten Tage gegen Abend versammelte sich
„eine große Anzahl Priester. Man entfernte die Pro=
„fanen, kleidete mich in Leinenzeug; der Oberpriester
„ergriff meine Rechte, und führte mich in das Innere
„des Tempels. Erwarte nicht — neugieriger Unge=
„weihter — daß ich dir eröffne, was nachher gesagt
„worden, oder geschehen sey. Ich würde es sagen,
„wenn ich dürfte. Du würdest es hören, wenn du
„dürftest. Aber gleich strafbar wären die Lippen, über
„die das Geheimniß herabglitsche, und die Ohren,
„welche sie hörten. Dennoch kann ich deine fromme
„Wißbegierde einigermaßen befriedigen. Höre also;
„aber glaube auch, was wahr ist. Ich kam an die
„finstere Schwelle des Todes, betrat das Gebiet der
„Hölle, und ward durch alle Elemente geführt, an
„meine vorige Stelle zurückgebracht. Ich sah um Mit=
„ternacht die Sonne in ihrem vollen Glanze, und be=
„tete die Götter in der Nähe an. Siehe! Du horchtest
„auf meine Rede, und doch darfst du nichts wissen.
„Nun aber kann ich dir ohne Verletzung meiner Pflicht,
„was weiter vorgieng, sagen.„ —

Hier führt Apulejus fort zu erzählen, wie er
am folgenden Tage dem Volke im Pompe, als ein Neu=
geweihter vorgestellt wurde, ausgeschmückt und begränzt,
wie eine heilige Bildsäule; wie sein Einweihungstag,
oder um seinen Ausdruck beyzubehalten, seine Wiederge=
burt

durt gefeyert worden sey; wie fröhlich die Gasterey ge=
wesen, welche die Priester ihm zu Ehren anstellten, und
wie vergnügt er die 3 ersten Tage in dem Umgang sei=
ner Mitbrüder hingebracht habe.   Merkwürdig ist die
Rede, die er in seiner Begeisterung über die hohen Ge=
genstände der Natur, mit welchen er nun bekannt ge=
worden, an die Göttinn hielt, in deren Geheimnisse er
eingeführt wurde.   Ich würde sie ganz abschreiben, wenn
sie was anders bewiese, als was wir schon wissen, daß
nämlich die Eröffnung der den übrigen Profanen unbe=
kannt gewesenen Kräfte der Natur, einen Theil der in
den Mysterien vorgetragenen Lehre ausmachte.   Zuletzt
fiel er in seinem Enthusiasmus dem Priester, der ihn
in den Tempel eingeführt hatte, um den Hals, netzte
die ehrwürdigen Wangen desselben mit seinen Thränen,
und schwur ihm ewige Erkenntlichkeit für die ihm erwie=
sene Wohlthat.   Nach einiger Zeit ward Apulejus in
den Geheimnissen des Serapis, und bald darauf in jenem
des Osiris unterrichtet, welchen er sich bis an das Ende
seiner Tage weihte.

Man bemerke hier, daß dem Suchenden der Tag
zu seiner Aufnahme von dem Oberpriester bestimmt wurde,
daß er nicht von einem einzelnen Priester, sondern in ei=
ner allgemeinen Versammlung derselben in den Orden
aufgenommen wurde *), daß sich die Priester zu dieser
Aufnahme gegen Abend einfanden, daß der Oberpriester
mit den umstehenden Eingeweihten durch Zeichen sprach,
die nach dem Geständnisse des Apulejus mehr als Worte
ausdrückten, daß der Anhaltende in Leinwand gekleidet
war, als ihn der Priester bey der Rechten ergriff, und

in

---

*) Eben dieß bestättigt Diod. Sic. Bibl. S. 73. und
Herodot. Hist. L. II.

in den Tempel führte, daß er in finstern Gemächern mit dem Schrecken des Todes bedrohet und durch alle Elemente an seine vorige Stelle zurückgebracht wurde, und daß er um Mitternacht helles Licht sah. —

Die Behutsamkeit, mit welcher Diodor *) und Herodot, **) die selbst in den Mysterien unterrichtet waren, auch den unbedeutendsten Umstand, der auf die Lehre und Gebräuche der Priester einen Bezug haben könnte, verbergen, beweiset, daß der Schwur eines fürchterlichen Eides, welchen die ersten Priester in die Hände der Isis und des Hermes ablegten, um das Stillschweigen zu versichern, daß sie über den Tod und die Grabstätte des Osiris zu beobachten versprachen ***), sich auch auf die übrigen Priester fortgepflanzet habe. Diese Verschwiegenheit machte eine der größten Pflichten der Eingeweihten aus, und man erinnerte sie jährlich in dem letzten Monate, Mesore genannt, daran, daß sie den Harpokrates, diesem Sinnbilde des Stillschweigens, Hülsenfrüchte zum Opfer mit den Worten dar brachten: Die Zunge ist ein Glück, die Zunge ist ein Unglück, oder die Sprache ist ein sehr zweydeutiges Geschenk des Himmels, das uns glücklich oder unglücklich machen kann ****).

In den Ruinen des Herkulanums entdeckte man noch einige Vorstellungen ägyptischer gottesdienstlicher Zeremonien. Es sind nackte Figuren, die um einen Altar tanzen; nur die Oberpriester stehen auf die gewöhnliche Art gekleidet da. Wäre es hier bloß um

Muth=

---

*) Diodor. Sic. Bibl. L. I. §. 27.
**) Herodot. lib. II. p. 45. 46. 55. 57.
***) Diod. l. c. §. 21.
****) Plutarch. de Iside & Oſiride p. 372, 378

Muthmaßungen zu thun, ich würde aus dieser Vorstellung folgern, daß die Neulinge des Priesterordens — denn Profane drangen nie in das Innere des Tempels — ungekleidet, die Höhergeweihten aber gekleidet in den Mysterien erschienen. Nach dem Herodot *) war die Kleidung der Priester von Leinwand. Auf den ägyptischen Gemählden und Statuen aber kommen die Priester immer nackend mit einer Schürze um den Leib vor, weil die Kunst der Aegyptier noch nicht so weit reichte, um eine Draperie auszudrücken, die nicht zugleich die ganze Stellung des Körpers unkennbar gemacht hätte. Hingegen ist die Schürze, die vom Unterleibe bis an die Kniee reichte, stäts das charakteristische Kennzeichen der Priester **), und selbst ihre Götter stellten sie mit dieser Schürze auf, wovon Caylus in seinen gesammelten Alterthümern mehrere Beyspiele aufbehalten hat ***).

Die Kenntnisse, die in den Tempeln den Eingeweihten anvertraut wurden, waren, außer der Lehre von Gott und der Unsterblichkeit der Seele, die profane und die heilige Geschichte Aegyptens, die Hieroglyphik, die Mathematik, die Geographie, die natürliche Geschichte des Nils, die Naturkunde und die hermetische Philosophie.

Das berüchtigte goldene Vließ oder Fell, das den Argonauten zur Beute ward, mag zu so einem Ge=

Ge=

*) Herodot. Hift. L. II.
**) Caylus Recueil des Antiquités Tom. II. tab. 3.
   Tom. IV. tab. 11.
***) Der Ofiris Tom. III. tab. 5. der Anubis
   Tom. IV. Tab. 3. F. 8. die Isis Tom. V.
   Tab. 2.

Gebrauche gedient haben. Johann der Antiochener, der unter dem Kaiser Heraklius lebte, und nach ihm Suidas, behaupten die Lehre von der Verwandlung der Metalle wäre auf diesem Felle enthalten gewesen. Sesostris, Aegyptens mächtigster und weisester König hätte, nach dem Zeugnisse des Herodots, Diodors, des Strabo und Marcellinus auf seinem Zuge durch Asien einen Theil seines Heeres in Colchis zurückgelassen *). Die Anführer dieses Haufens, der das Land bevölkerte, und deren einige in den Kenntnissen der Mysterien unterrichtet waren, hätten dort die zur Verwandlung der Metalle gehörige Materie angetroffen **), und so viel Geld erzeugt, daß sie den Sesostris selbst an Reichthum und Pracht übertrafen. Das Verlangen, diese Kunst für ihre Nachkommen zu verewigen, verleitete sie, das Geheimniß auf ein Lammfell aufzuzeichnen und aufzubehalten; bald bereuten sie aber diese Verletzung des Stillschweigens, indem die Griechen lüstern nach diesem Geheimnisse, sie überfielen und ihre gesammelten Schätze mit dem sogenannten goldenen Felle eroberten.

Ueberdieß ist es allgemein bekannt, daß die Bücher des entferntesten Alterthums weiter nichts als aufgerollte Thierfelle gewesen sind, und aus dem Plutarch wissen wir, daß die 20000 Bücher, die Antonius aus dem Schatze der Könige von Pergamus erbeutete und der Kleopatra verehret hatte, auf Bocksfellen geschrieben waren. Aus der Geschichte der Einweihung des Apulejus wird es fast wahrscheinlich, daß die Aegyptier dergleichen mit Hieroglyphen überschriebene Felle in dem Innern ihres Tempels den Geweihten vorgelegt haben

mö=

*) Strabo Geogr. lib. 16.
**) Plinius in Hist. natur. lib. 33. c. 3.

mögen. Die Rolle, welche der Priester, der ihn in
die Mysterien einführte, aus dem Tempel hervor holte,
war nach seiner Beschreibung mit in einander geschlun-
genen, knotigen und kreisförmigen Zügen bezeichnet *),
die, so wenig sie waren, dennoch vieles ausdrückten —
Wahrheit, Weisheit und das Wohl der Menschen war der Endzweck der aegyptischen Mysterien —
sie waren mit dem Staate, und der Landesregierung
engverbunden, und für diese keine Geheimnisse — die
Priester waren eigentlich die Lehrer der Nazion — ihre
stillen und geheimen Versammlungen waren nichts anders,
als Vorbereitungen, Lehranstalten, Akademien u. s. w.
Alles das Gepränge, und Heilige der Zeremonien und
Einweihungen geschah nur theils um die in Unterricht
Aufgenommenen an Herz und Verstand zu prüfen, theils
um eine Auswahl unter den Aspirirenden zu treffen, und
das Volk in Ehrfurcht und Religionsgefühl zugleich zu
erhalten. Die aegyptischen Priester, oder Lehrer erwarben sich auch die allgemeine Verehrung des Volks. Der
Staat sorgte reichlich für ihre Verpflegung, und häusliche Bedürfnisse hielten sie nie ab, auf dem Wege der
Weisheit ruhig fortzuwandeln. Ungeachtet ihres Einflusses auf den Regenten und die Gesetzgebung, ungeachtet ihres Gewichts und Ansehens bey dem Volke, mißbrauchten sie es nie —

So war es in Alt-Aegypten — so lange die
Mysterien, Religionspflege, Lehren der Weisheit und Un-
ter-

---

*) Libros concepti sermonis compendiosa verba
suggerentes, figuris partim nodosis & in mo-
dum rotæ tortuosis, capreolatim condensis
apicibus a curiosorum lectione munita &c.
Apulejus. Metam. lib. I.

terricht in allen Gattungen der Wissenschaften für die
Unwissenden, Profanen enthielten — so lange das
Wohl des Königs und des ganzen Staates von dem
Wohl der gesammten Priesterschaft, so, wie der Einzel=
nen nicht getrennt ward. — Sobald aber eigentlich ge=
heime, vermummte, der Aufsicht des Staates ganz
entzogene Gesellschaften entstunden; so bald sie dem Worte
der Wahrheit *) untreu wurden, sobald sich Possenspieler
und Gaukler dareinmischten, so bald sie nicht mehr so
strenge in der Auswahl der Einzuweihenden waren —
so artete dieser sonst so ehrwürdige, nützliche, mit dem
Wohl des Staats innigst verknüpfte Priesterorden ganz
aus — die Lehren der Weisheit und der Tugend wur=
den in Grundsätze des Faktionsgeistes, Eigennutzes und
des Fanatismus verkehret — die Lehrer des Volkes
wurden Verderber desselben — diese Königs = und Volks=
freunde und Stützen des Reichs in höchstschädliche Kom=
plotisten, gefährliche Ruhestöhrer, und ränkevolle Sektirer
verwandelt — sie wollten nicht mehr lehren, sondern
herrschen — nicht mehr durch Beyspiel, Tugend und
Weisheit dem Volke predigen, sondern mit Gewalt oder
Intrigue das Volk und den ganzen Staat sich unter=
werfen und ganz unterjochen.

4. Buquoy.
Der Böhme.

Als Alringer seine sämmtl. poetische Schriften Leipzig
(Wien) zum Vortheile des wienerischen Armeninstituts 1784.
8. herausgab, hat er auch in seiner Epistel an sein Buch
selbes an unsern Buquoy den damaligen Oberdirektions=
präsidenten der milden Stiftungen angewiesen.

Doch

*) Plutarch. de Iside & Osir.

Doch nun ist's Zeit, daß Du der Reise Ziel,
Und wo Du ruhen sollst, erfährst mein Buch!
Wiß denn! es zog ein Mann, der Ahnenwerth
Mit eigenem, ein edler Wuch'rer, mehrt —
Von seiner Väter altem Sitz nach Wien.
Nicht um der Kaiserstadt Vergnügungen
Vertauschete der Weise, die des Lands:
Er kam nur auf der Dürftigen Geschrey
Ihr Retter, und Ihr Pflegevater, der;
Was diesen Mitleid zugewandt, vertheilt
Der Edle Mann, nach dessen Schwelle Du
Wallfahrten sollst, mit Weisheit unter sie.
O! frage nicht, nach seinem Namen! Wo
Sich drängend ganze Haufen Armer stehn,
Dort schallts im Ton des tiefsten Dankgefühls
Oft schluchzend Buquoi zu dem Himmel auf;
Denn er, den Ekel und den Ueberdruß
Nicht achtend, hört des Armuths Klage selbst,
Und ärndet, nicht aus fremden Säkel bloß
Sie stillend, hunderttausend Gottvergelts!
Hier ruhest Du vor Deiner Wanderschaft
Mein Buch! — und da Du durch der Lieder Macht
Unsterblichkeit Dir nie versprechen darfst,
Kömmst Du vielleicht mit jenem Segenswunsche
Der den erhabnen Namen Buquoi stets
Begleiten wird, doch auch zur Enkelwelt.

Graf Buquoy der edle Menschenfreund, der
wohlthätigste Vater der Armen hat so viel für die Armuth gethan, daß er wohl dieß Denkmal von einem
so guten Manne, als Alxinger ist, verdient hat. Es
gereichet beyden gleich zur Ehre, daß es Buquoy ist,
den Alxinger besungen hat. Buquoy hat einen grossen
Theil

Theil seines Vermögens für die Armuth verwendet — Buquoy hat seinen ansehnlichen Gehalt niemals als den seinigen angesehen; sondern immer der Armuth gewidmet. Buquoy hat durch sein großmüthiges, alle Menschen umfassendes Herz mehr noch um die Menschheit sich verdient gemacht, als durch alle seine vortrefflichen Einrichtungen und Anstalten zur Einführung des allgemeinen Armeninstituts. Aus Böhmen, aus seinen eigenen Herrschaften ward es aufgenommen und sodann durch die östreich.Staaten allgemein verbreitet, und festgegründet.

5.
Rechtschaffenheit wird belohnt.
1793.

Den edeln Mann mag ich nicht nennen — der eine sehr edle That that. Es geschah in Prag. Es ward ihm eine Gefälligkeit und nützlicher Dienst von einem Unbekannten erwiesen — die eben dieser ohne dieß in allen Umständen, nach der ganzen Lage der Sache und bey der Biederheit seines Charakters immer ihm wurde erwiesen haben — und nach Recht und Billigkeit erwiesen mußte. Zur Erkenntlichkeit — denn Dankbarkeit kann man es gar nicht nennen — macht er dem Unbekannten ein ziemlich ansehnliches Geschenk — vermuthlich weil er seine mißlichen Vermögensumstände wußte. Keiner kennt den Andern bis auf diese Stunde — Er belohnte also nur Rechtschaffenheit — weil man ihm Recht widerfahren ließ — Und dieser edle Mann heißt M * *

6.

6.

Akademisch = freundschaftliches Fest. 1793.

Gewisse Züge und Ausdrücke von Menschengefühl, Dankbarkeit, und edler Leidenschaft sind es, die wenn sie auch in das Große nicht gehören, doch den Zeitgenossen mehr bekannt gemacht, und für die Nachkommenschaft aufbewahrt zu werden verdienen. So eine Szene stellet sich in der Abschiedsszene der Zöglinge des erzbischöflichen Seminariums zu Ende Aug. im J. 1793 *) dar; Sie zeuget von den gut gestimmten Herzen der Zöglinge eben so sehr, als von den wahren Verdiensten der Vorsteher **). Beyden machet es gleiche Ehre.

Es waren 29. geistliche Zöglinge, die zugleich aus dem Seminarium traten, um sich ihrem Berufe, und der Seelsorge nunmehr wirklich und thätig zu widmen. Sie begiengen also dieß akademisch = freundschaftliche Fest mit so vieler Theilnehmung, Bescheidenheit und freundschaftlicher Liebe, daß man diesen jungen Männern vom ganzen Herzen gut seyn muß.

Eine dem Gegenstande angemessene Musik machte den Anfang. Hierauf ward ein Lied: Aufmunterung zur Freude am Schlusse der Vorlesungen von einem Zöglinge (M. Dietl verfasset) gesungen, und mit Musik begleitet. Auf das Lied folgte eine Anrede von einem andern Zöglinge M. Heyne verfertigt und gesagt.

Nach=

*) Ist gedruckt worden Prag bey Joh. Diesbach 1793. 8. Bog. 1.
**) H. Anton Haberein Rektor, und H. Johann Sähnrich Präses des erzbischöfl. Seminar.

Nachdem über die traurige Trennung, die itzt unter den Zöglingen geschehen mußte, manches freund= schaftliche und rührende gesagt worden ist: so werden auch die Trostgründe angeführet, und das mehrere Gute vorgelegt, das hieraus entstehet.

Wir wollen den rechtschaffenen, biedern, jungen Mann selbst reden lassen.

„Das erste Gute, was wir dem heutigen Tage zu danken haben, ist: Wir vollenden heute unsere akademische Laufbahn, Br.! Welch ein süßer Gedanke muß dieß für uns seyn! Elf Jahre rangen wir nach diesem Ziele; willig opferten wir dem Streben darnach, die Kräfte des Knaben und des Jünglings auf; wir erduldeten so manches Ungemach; überwanden so man= ches Hinderniß; versagten uns so manche Freude, opfer= ten so manches auf; und — wohl uns! wir haben es errungen — das Ziel, wornach wir strebten! Ueber= wunden die Schwierigkeiten, mit denen wir zu kämpfen hatten! Erstiegen den Fels, der uns so viel Schweiß, so viele Anstrengung kostete! Und sollten wir uns nicht freuen, daß heute das Ungemach jeder Art ein Ende hat? — O blickt nur noch einmal zurück, betrachtet noch einmal alles das, was wir zu dulden und zu leiden hatten, ehe wir den heutigen Schritt setzen konnten, — und denkt euch: Befreyung davon! Und Freude wird euch gewiß erfüllen und beleben; ihr werdet gewiß euer bethräntes Aug hinaufrichten zu jenem Vater, der uns das heutige Glück zukommen ließ, und gerührt ausru= fen, nein, wir sind nicht ganz unglücklich!

Heute — Br.! gleichen wir Wanderern, die mit Anstrengung aller Kräfte einen steilen Berg erstie= gen, und die nun auf dem Gipfel desselben von der Be= schwerlichkeit ihrer Reise ausruhen. Wie wohl muß

III.   d   ih=

ihnen diese Ruhe seyn! Und wie vergnügt müssen sie
von dem Gipfel der erkletterten Höhe hinabblicken! Und
wie wohl Brüder! muß es auch uns seyn, da wir heute
eben so einen Berg erstiegen, und nun von der Be-
schwerlichkeit ausruhen, da heute am Ende eines schwü-
len Tags die Nacht in ihre kühle Arme uns nimmt,
und uns Labung und Erquickung darbeut; — Und insbesondere — wie wohl muß dem diese Erquickung, dieses Ausruhen seyn, dem keine verlorne oder wohl gar
übelangewandte Stunde anklaget und beunruhiget; der
that, was er sollte, und konnte; ihm ist das Ausruhen
doppelte Ausruhen, die Erquickung doppelte Erquickung;
er kann heiter und froh auf die Tage, die nun dahin
sind, zurücksehen, und den Lohn genießen, dessen sich
die zu erfreuen haben, die treu und redlich in ihrem Stande
und Amte das waren, was sie seyn sollten, und was
sie seyn konnten! —

Das zweyte Gute, das uns der heutige Tag
bringt, ist: wir haben unsere Bestimmung erreichet!
Bis itzt — o laßt es uns gestehen, bis itzt waren wir
bloß lästige Glieder im Staate, die empfingen, aber
nichts zurückgaben! — bis itzt sammelten wir erst die
Kenntnisse, erwarben uns erst die Geschicklichkeiten, die
wir im Dienste des Staats brauchen — und konnten
noch nichts für denselben thun. Heute betreten wir eine
neue Bahn, wir treten in die Verhältnisse des Bür-
gers — des Patrioten; und welch ein erhabener Wirkungskreis öffnet sich da für uns! Nun können wir mit-
wirken zum Wohle des Ganzen; nun können wir mit
unsern bisher eingesammelten Kenntnissen und erworbenen
Geschicklichkeiten wuchern, auf die allgemeine Glückseligkeit einen wirksamen Einfluß haben, und auf diese Art
dem Vaterlande die große Schuld abtragen, die es von
uns

uns zu fordern hat; Brüder! Welch ein erhabener Beruf! Welch ein großer Wirkungskreis! Auf uns sieht ißt der Staat mit Erwartung hin; und freuet sich schon zum voraus des Guten, das Männer von unserer Art stiften können. Auf dann! Laßt uns beseelt mit Muth und Kraft dieser Bestimmung entgegen eilen; unermüdet daran arbeiten, für das Wohl unserer Brüder willig alle Aufopferungen wagen, damit das Vaterland in den Erwartungen nicht getäuschet werde, die es von uns hat; und damit man uns den kränkendesten aller Vorwürfe nicht machen kann: unnütze Glieder des Staats zu seyn! —

Und welche Freuden, welches Glück haben wir nicht dann zu erwarten, wenn wir treu und gewissenhaft unsere Pflichten erfüllen? Dieß wird noch ein Gut seyn, was uns ebenfalls der heutige Tag bringt. — Wenn überhaupt jede treue Erfüllung der Pflichten, wie es uns die Erfahrung lehrt, Vergnügen gewährt: so haben wir uns dieses Glück, und dieses Vergnügens noch um so mehr zu erfreuen, da unser Stand mehr als jeder andere auf die Glückseligkeit des Menschen einen Einfluß hat. Denn wer kann, so wie wir, das menschliche Herz so geschickt entfalten, und in seinen kleinsten Nuancen beschauen? Wer kann, so wie wir, zu den Bedürfnissen selbst des geringsten Menschen sich herablassen? Wer so, wie wir, wissen, was Einfluß auf den Menschen hat, und welche Umstände ihn zu den machen, was er ist? Wer wird also eher und besser im Stande seyn, wenn Kummer ihn drückt, wenn Laster sein Glück untergraben, und der Seele ihre Ruhe rauben; wenn Unwissenheit ihn irre leitet — wer wird da ihm eher zu rathen, besser zu helfen, sicherer zu retten wissen, als der Seelsorger? Dazu verbindet ihn ja schon sein Stand, und

b 2   das

dazu hat er auch bey seinen verschiedenen Amtsverrich=
tungen die beste Gelegenheit ; wohl ihm, wenn er diese
Gelegenheit, diese seine Geschicklichkeit nützt! Wohl ihm,
wenn er jedem Unwissenden zu rathen, jeden gebeugten
aufzurichten, jeden kummervollen zu trösten, jed n
irrenden auf den geraden Weg zu leiten eilt. Wenn
keine Mühe, keine Aufopferung, keine Menschenfurcht
ihn von der Ausübung dieser Pflichten zurückschreckt;
dann ist er ein würdiges Werkzeug in der Hand Got=
tes; dann naht er sich seinem Vorbilde Jesu, der, wie
seine Lebensbeschreiber erzählen, umherzog und überall
wohlthat; dann wird er im wahren Verstande — Vater,
Wohlthäter seiner ihm anvertrauten Heerde! Und wenn
er das ist, kann es ihm da wohl an wahren, an reinen
Freuden fehlen? Kann er da unglücklich seyn? So
eine heitere Aussicht, Brüder! verschafft uns doch auch
der heutige Tag! Von so vielen Plagen befreyet er uns.
Und wir sollten ihn, weil er der Sterbetag unsers nähern
Umgangs, unser engern Vereinigung ist, vertrauern,
und getrübt durch unsere Thränen, untergehen lassen?
Nein — Br.! es sind ja nur Körper, nur Oerter, von
denen wir uns trennen, unsere Seelen bleiben vereinigt!
Die kann keine Entfernung der Oerter, kein Schicksal,
keine Gewalt trennen! Selbst der Tod kann sie nicht;
denn dort werden wir uns alle, um die wir uns itzt
betrüben, wieder finden, und uns eben, so wie hier,
vereinigen, und vereinigt unsers Freundschaftsbundes
freuen! — Diese Vereinigung ersetze uns unsern itzigen
Verlust, und richte uns gebeugte auf! Sie sey immer
so innig, immer so fest, wie itzt in dieser feyerlichen
Stunde!

　　　So Br.! Mit diesem Entschlusse wollen wir schei=
den! Mit diesem innern Gefühle uns umarmen, und

umarmend biesen Bund versiegeln! Sie aber, unsere
theuren, ehrwürdigen Vorsteher! Die Sie bis itzt unermüdet an unserer sittlichen Besserung arbeiteten, weil sie
wohl einsahen, daß davon das Glück unserer Zukunft
abhänge; die Sie unsern Aufenthalt in diesem Hause
uns so angenehm machten, als es in Rücksicht des Ganzen möglich war; die Sie bis itzt für uns als Väter
sorgten, und uns als Freunde liebten — und die Sie
uns durch ihre heutige werthe Gegenwart ein neues Zeichen ihres Wohlwollens, ihrer Liebe zu uns zu erkennen
gaben. Sie unsere Lehrer! — Freunde! — Väter!
Nehmen Sie von uns den Dank an, der eben so rein
und ungeheuchelt aus unsern Herzen quillt, als ich ihn
itzt ohne Prunk — ohne rednerischen Schmuck — vor-
trage — —,,

Den Beschluß machte ein Abschiedslied von M.
Obst, mit Musik begleitet.

Heil dem Volke, das Männer zu Lehrern bekömmt,
die ihre Freuden und Leiden so zu mäßigen wissen!
Heil dem Volke, das so bescheidene, gutherzige, und
getreue Führer erhält! Heil dem Volke, dessen angehende Seelenhirten so viele Menschenliebe, so vielen Tu-
gendsinn an Tag gegeben haben!

Edle Böhmen! es ist ein neuer Beytrag zu eurer
Charakteristik!

7.
Marie Antonie Königinn von Frankreich,
ward gemordet den 16. Oktober 1793. *)

So folget denn Mord auf Mord — Auf den Va-
termord folget — Muttermord! — Antoinette
war

*) Geschrieben und gedruckt den 31. Okt. 1793.

war eure Mutter — als ihr noch Franzosen waret;
Ihr sagtet es so oft, ihr überzeugtet euch davon un-
zähligemal, ihr wußtet, daß sie Ludwigen ganz
zu eurem Vater machte.

Nun da ihr keine Franzosen mehr seyd, so ist
es auch kein Wunder, daß ihr Vater und Mutter miß-
kannt, verläugnet, verworfen, verfolget, gemartert —
gemordet habt.

Ihr gehört nicht mehr zu den polizirten Nazionen,
ihr seyd ohne alles Menschengefühl, Sklaven eurer unmenschlichen Jakobinerdespoten — die euch bis zur ver-
ächtlichsten, grausamsten, barbarischsten Menschenklasse er-
niedriget haben.

So soll, so muß denn die neue Republik nur
durch unschuldiges Menschenblut gestärket, ernähret, ge-
sättiget werden! Bisher waret ihr wahrhaftig nur Men-
schenfresser, Vampyres, Ungeheure — Wo fand man
wohl Züge, Handlungen, Thaten eines Republikaners?

So ein Mordstaat kann unmöglich gedeihen —
Die Menschlichkeit reget sich doch noch in so vielen Men-
schenherzen — Und die Menschheit wird doch noch siegen
über euch Unmenschen —

Wenn die ist gegen euch streitenden, und siegen-
den — von euch selbst aufgeforderten, gereizten, zum
Krieg gezwungenen Nazionen nicht mehr stark und mächtig genug seyn sollten, um das unschuldige Menschen-
geschlecht von euch und eurem Joche zu befreyen — so
werden, glaubet es nur sicher, die von euch so genannten barbarischen Nazionen aller Welttheile aufstehen —
Und was wird denn euer zwar beschlossener, aber immer
unausführbarer, immer chimärischer Aufstand des gesammten französischen Volkes dagegen vermögen?
Seyd nur versichert, daß in dem ganzen großen Reiche,
von

von 25 Millionen Menschen , nur mehr Hunderttau=
sende — zugleich streitbare Menschen — euch Konven=
sions = und Jakobinerregenten ernstlich und von Herzen
zugethan seyn ?

Gedrängt, geenget, gezwungen sind sie — von
euch im beständigen Taumel von aufgereizten Leidenschaf=
ten erhalten , zum Rauben, Plündern und Morden
aufgebetzt , gleich Rasenden herumgetrieben , wissen sie
selbst nicht, was sie wollen, und was sie thun —

Aber sie werden schon zu sich selbst kommen —
sie werden zur Vernunft , zur Menschlichkeit zurückkeh=
ren — Aber dann, dann werden sie euch , Tyrannen,
Unmenschen fluchen, dann werden sie alles das vergosse=
ne unschuldige Blut an euch eben so grausam — aber
gerechter, rächen — und euch insgesammt morden und
vertilgen.

Fürchtet, zittert Barbaren! die Zeit scheint nahe
zu seyn. Denn schon mordet ihr selbst in eurem eigenen
Eingeweiden — schon mordet ihr untereinander eure
Mitverschwornen, Komplotisten, Konstituzionisten —
denen ihr eure Macht, eure itzige politische Existenz ganz
zu danken habt — diese mordet ihr, um nur noch mehr
morden zu können — und um besto gewisser auch ge=
mordet zu werden.

Also ward eure sonst so vielgeliebte Königinn —
Marie Antonie — gemordet ?— Ihr seyd dann
um besto mehr blutdürstig, wann ihr keinen Widerstand zu
fürchten habt ?

Das verwersliche, mörderische Revoluzionstri=
bunal mußte endlich den Schlag ausführen und vollzie=
hen lassen — den die Jakobinerfakzionisten schon lange
vorbereitet hatten.

Aber

Aber wie habt ihr — die Tochter Marien Theresiens unter die eurigen noch zählen können? Wie habt
ihr sie unter die Klasse eurer Mitbürgerinnen rechnen können, da ihr Ihr kein Bürgerrecht, keine bürgerlichen Vortheile angedeihen liesset. Nur um sie tödten zu können —
mußte sie Bürgerinn scheinen — So bald ihr euren König,
ihren Gemahl, des Königthums beraubet, endlich gar gemordet hattet, sobald ihr die ganze kön. Familie von ihr getrennt, sie aller mütterlichen Pflichten entlassen, und sie
gleichsam verabschiedet hattet: so hörten alle eure Rechte
auf S i e auf. Sie war nicht mehr die eurige, wenn sie
es nicht seyn wollte — und sie wollte es gewiß nicht — —

Sie fieng nun an — denn sie war weder Königinn,
noch Gemahlinn, Mutter, oder auch nur Bürgerinn — ihrer
eigenen Familie, ihrem Kaiserhause, aus dem sie entsprossen
ist, wieder zuzugehören, sie trat gleichsam in den vorigen
Stand zurück. Sie hätte frey in ihr Vaterland, zu
ihren geliebten, sie mit Sehnsucht erwartenden Anverwand-
ten gelassen werden sollen — wenn nur noch, euch wü-
thende Despoten, einige Mäßigung und Klugheit hätte
bezähmen können. Sie mußte aber strafbar seyn —
ihr Haupt sollte nun einmal unter der Guillotine fallen —
Weil aber alle Beweise, oder auch nur Scheingründe
mangelten, so sollte ihr eigener Sohn — der noch
so ganz junge, kaum über das Kindesalter hinausge-
wachsene, zum erblichen Thron bestimmte Ludwig —
theils durch List, Täuschung, theils auch mit Gewalt
gedrungen — gegen die Mutter Zeugniß geben? Was
er gesagt haben soll — müssen wir auch auf die Treue —
Treue und Glauben der Jakobiner! — für gewiß gesagt
und richtig protokollirt annehmen — -

Was kann man wohl schändlicheres, entehren-
ders, unnatürlicheres, illegaleres hören oder denken?

Der

Der besten, edelmüthigsten — unglücklichsten Königinn Verbrechen war nur, daß sie eure Königinn war — denn wie konnte die Menschlichste unter den Unmenschlichsten geduldet werden? —

8.

Eine Dame in Prag, die ganz ihres Glückes genießt.

Wer kennet sie nicht diese edle, großmüthige, wohlthätige Dame? wer weiß nicht, was sie für Wohlthaten aller Art und Gattung ausspendet? — Dort tröstet sie Wittwen durch milde Gaben — hier unterstützet sie Waisen, läßt sie auf ihre Kosten ernähren, unterrichten, Handwerke lernen, oder auch in Wissenschaften und Künsten unterweisen — Dort hilft sie den ums Vaterland und dem Vater desselben streitenden und sieggewohnten Veteranen — Hier stattet sie zum Kriege taugliche, junge, angehende Krieger aus — Dort thut sie im Gehelmen Gutes, und läßt der schmachtenden, versteckten Armuth Geld zufliessen, daß es immer unbekannt bleibt, woher die Hilfe und Rettung gekommen sey — Hier giebt sie der allgemeinen und bekannten Armuth Holz, Viktualien und Geld — Sie ist die Mutter aller Armen und Verlassenen — Wer Hilfe und Unterstützung bedarf, eilt nur zu ihr — und er findet sie gewiß, wenn nur immer ihre Kräfte hinreichen.

Nun genießt sie nicht — diese Erhabene — ihr Vermögen, ihre reichlichen Einkünfte, ihr Glück? — Genießt sie es nicht ganz und vollkommen? Im Wohlthun lebt sie, die Glückliche, ihre frohen Tage dahin, und freuet sich des Lebensgenusses — da sie zugleich so vie-

vielen ihrer Mitmenschen Hilf, Wonne, und Leben
giebt. Große, edelmüthige, bewunderungswürdige
Menschenfreundinn! Sie müssen den Dank annehmen,
den hier die Menschheit Ihnen zollet — und im Namen
derselben, ein getreuer Stellvertreter, der hier auftritt,
ohne an ihren Wohlthaten Antheil zu haben, ohne mit
Ihnen, je ein Wort gesprochen zu haben — der Sie
und Ihre Wohlthaten nur kennet, der Sie aber verehret, der nicht mehr länger schweigen kann, der öffentlich das sagen muß, was schon längst sein Herz tief
für Ihr großes, wohlthätiges, menschenwohlumfassendes
Herz gefühlet hat — Ich muß Sie nennen. — wohlthätigste Gräfinn — *)

*) Sißkowics geb. Baron. Harrucker.

9.
Etwas über Weishaupt, und den sogenannten Illuminatismus.

Ad. Weishaupts Pythagoras oder Betrachtungen über geheime Welt- und Regierungs-
kunst. 1790. 8. (aus der Freymäurerbiblio-
thek. St. VI. Berl. 1793. 8.)

Weishaupt vertheidigt sich gegen die ihm von einigen
gemachten Vorwürfe, als wenn sein Plan gewesen wäre,
sich der Regierung zu bemächtigen, und die öffentliche
Sicherheit zu untergraben. Er gestehet aufrichtig, daß
er sich bey diesem seinem ersten Versuche manche Ubereil-
ung habe zu Schulden kommen lassen, daß manches
übertrieben worden: allein daß seine Absichten stets rein
und lauter gewesen sind. — Zu den politischen Zwecken,
wel-

welche geheime Verbindungen erreichen wollen, zählt der Verfasser folgende: 1) das goldene Weltalter, oder Einführung der natürlichen Gleichheit und Freyheit des Menschen. Die Art von Ungleichheit, welche durch die Abhängigkeit, aus Verschiedenheit der Kräfte, des Bedürfnisses u. s. w. hervorgebracht wird, ist unvertilgbar. Eine große Gesellschaft kann nie ohne Ordnung bestehen; es muß also jemand vorhanden seyn, der über diese Ordnung wacht, oder es ist eine Obrigkeit nothwendig; Aufklärung kann daher die Gewalt der Regenten nicht untergraben; in diesem Sinne kann also die Einführung einer Gleichheit und Freyheit nicht gefodert werden. Allein sucht man den Menschen der Herrschaft der Leidenschaften zu entziehen, ihn der Herrschaft der Vernunft und des Gesetzes allein zu unterwerfen, sucht man Achtung für Menschenrechte allgemein zu verbreiten, u. s. w. so würde ein solches Bemühen allerdings lobenswürdig seyn; es könnte übrigens auf keinem andern Wege, als durch Einführung höherer Sittlichkeit erreicht werden, aus einem solchen Bemühen (in wie weit es auch realisirbar wäre) könnte nie Gefahr für die Ruhe und Wohlfart eines Staates entstehen, vielmehr würde das Gegentheil zu erwarten stehen, und eine Gesellschaft, welche diesen Zweck hätte, verdiente alle Unterstützung von Seite der Obrigkeit. Ein dem genannten ganz entgegengesetzter Zweck würde 2) die Errichtung einer Universalmonarchie seyn, welcher will, daß alle Menschen um ihrer selbst willen vorhanden seyn. Die Realisirung eines solchen Zwecks läßt sich gleichfalls nicht von einer geheimen Gesellschaft erwarten. Denn welcher Mittel wollen sich die Verbundenen bedienen, um ihre Absicht nicht vor der Zeit zu verrathen; wie kann man eine so anhaltende Verschwiegenheit unter so viel Verbundenen erwarten, da das Ziel so entfernt, jede

Ueber

Uiberellung so äußerst gefährlich ist u. s. w. Strebte 3)
eine geheime Gesellschaft darnach die Plane der Regierung zu vereinigen, und durch Bildung der Mitarbeiter
die Ausführung derselben zu erleichtern ; suchte man
Menschen zu bilden, die mit dem Staate einen Willen
hätten, die so dächten, wie er es nöthig hat, die mit
gehöriger Stärke ausgerüstet sind , sich über Privatvor-
theile wegzusetzen ; so würde ein solches Unternehmen
allerdings rühmlich und lobenswürdig seyn. Allein sollte
eine solche Anstalt Bestand haben , so müßte sie unter
der Aufsicht des Staats entstehen und fortdauern. Der
Regent selbst müßte an der Spitze stehen ; aber eben dieses müßte um des Verraths und Mißbrauchswillen, der
hieraus entstehen könnte, das größte Geheimniß seyn.
Die Verbundenen müßten die Gesellschaft nur für eine
Privatverbindung halten , bey Bildung der Mitglieder
müßte aller Eigennutz, Leidenschaft u. s. w. verbannt werden ; kurz die Sittlichkeit würde auch hier , wie bey
allem, die Grundbedingung seyn. Wollte 4) eine geheime Gesellschaft sich des Einflusses auf die Regierung
zu bemächtigen, den Mißbrauch der Regierung zu hindern, und den Zweck der bürgerlichen Gesellschaft aufrecht zu erhalten suchen , so wird , wenn dieser Zweck
erreicht werden , wenn Mißbräuche vermieden werden
sollen, immer eine höhere Sittlichkeit zum Zweck der gemeinschaftlichen Bemühung dieser Gesellschaft gemacht
werden müssen ; denn wo dieser Grund mangelt, wird
gewiß nichts besseres an die Stelle der Mängel treten.
Sollte es 5) eine geheime Gesellschaft beabsichtigen, die
Regierungsform zu verändern , so müßten , wenn es
mit Erfolg geschehen sollte, Aenderungen in den Bedürfnissen und der Denkart der Nation vorhergegangen seyn ;
sie muß sittlicher oder unsittlicher , aufgeklärter oder un-

auf=

aufgeklärter geworden seyn : denn eine Regierungsform ist ganz subjektiv; sie muß sich lediglich nach der Empfäng= lichkeit der Nation richten , und sich mit dieser so viel als möglich verändern ; hier läßt sich also nichts über= eilen, und man muß, wenn man nicht das größte Uibel her= vorbringen will , nichts ändern, sondern alles der Zeit überlassen. Auch würde endlich 6) der Vorsatz, sich durch eingegangene Verbindungen gegen den politischen Druck zu sichern, und sich wechselweise zu unterstützen, ohne höhere Stellichkeit nie erreicht werden können.

Von Religionszwecken, welche durch geheime Ge= sellschaften zum Objekt ihrer Verbindung gewählt wer= werden könnten, führt der Verfasser folgende an : 1) die Landesreligion aufrecht zu erhalten , und gegen Angriffe zu vertheidigen. 2) Sie von Mißbräuchen zu läutern. 3) Die Religion des Landes zu verändern, Proselytis= mus. 4) Ein neues Religionssystem geltend zu machen. 5) Die politische Religion durch die natürliche zu ver= drängen. 6) Denk= und Gewissensfreyheit zu begünsti= gen, allen religiösen Zwang zu verbannen und unwirk= sam zu machen. Daß Religion überhaupt niemals mit Erfolg ein Gegenstand einer geheimen Verbindung seyn kön= ne, wird aus folgenden Gründen gezeigt : a) würde der Zweck nicht verborgen gehalten werden können, sondern vor der Zeit verrathen werden , weil hiezu zweckmäßige Anstalten getroffen werden sollen ; b) Die Religion ist eine Art von Kenntniß, kann also überhaupt nur in so fern der Gegenstand einer geheimen Verbindung seyn, als die Verbreitung gewisser Kenntnisse auf diesem Wege geschehen kann; hiezu sind aber geheime Verbindungen nicht geschickt. c) Der theoretische Theil der Religion, der ganz von dem Unterricht und Ueberzeugung der Men= schen abhängt, und längst dieselben in Sekten und Par=

* they=

theyen getrennt hat, welche sich nicht vereinigen können,
würde den Grund zu einem ewigen Streit und Zwietracht
legen; eine solche Verbindung würde nie allgemein werden, sich nie über die Grenzen einer gewissen Kirche verbreiten können.   d) Wollte man den praktischen Theil
der Religion zum Gegenstand einer geheimen Verbindung
machen: so würde da eine wahre praktische Religion in
der innern Vervollkommnung und Läuterung der Absichten bestehen, dieses mit den Absichten einer wohlgeord-
neten geheimen Gesellschaft, die gleichfalls hiezu das dringendste Bedürfniß erweckt, zusammen fallen.   Letztere
würde aber überdem den Vorzug haben, daß sie für
die Befolgung der Vorschriften der Religion das lebhaf-
teste Interesse erweckt, und den Menschen durch die Si-
tuazionen, welche er erfährt, auf diejenigen Grundsätze
und Theorie der Sittenlehre führt, welche bey allen vernünftigen und rechtmäßigen Handlungen zum Grunde
liegt, und die kein Unterricht so gut lehren, verständlich
machen, und von ihrem Nutzen überzeugen kann, als
selbsteigne Erfahrung.

Die hier hergezählten würden nun die wichtigsten
Zwecke geheimer Verbindungen seyn. Aus allen ergiebt
sich's ohne Ausnahme, daß sie ohne höhere Sittlichkeit,
ohne die möglichste Veredlung unsrer Absichten völlig un-
erreichbar sind, daß folglich eine höhere Sittlichkeit die
Grundbedingung sey, ohne welche die größten und mög-
lichsten Dinge unmöglich sind.

Beförderung einer höhern Sittlichkeit; Veredlung
unsrer Absichten wird also das einzige seyn, durch dessen
Erreichung sich alles Uibrige, als Folge, von selbst ergeben wird, und da geheime Verbindungen (nach unserm
Verfasser) eben diejenigen Anstalten sind, in welchen Sittlichkeit am besten gedeihet, welche das dazu nöthige In-

tereſſe geben : ſo iſt es das gröſte Unrecht , ſie zu verdammen; es wird vielmehr Pflicht, alle Kräfte zu ihrer Aufrechthaltung anzuwenden.

Herr Weishaupt ſchließt dieſe Betrachtungen mit folgenden Worten: „wenn es in dem Weſen einer hö„bern Tugend liegt, keine Mittel, welche dazu führen, „zu verſäumen, wenn der Tugendhafte, je tugendhaf„ter er ſelbſt iſt, um ſo eifriger dieſe Mittel ergreifen „wird ; wenn ich wirklich erwieſen haben ſollte ; daß „geheime Verbindungen ein ſo wirkſames Beförderungs„mittel der Tugend ſind; daß, ſage ich, in der Folge „das Bedürfniß nach geheimen Verbindungen von der „oben beſchriebenen Art , bey keinen andern , als den „edelſten, aufgeklärteſten und thätigſten Tugendfreunden „entſtehen wird. Ich möchte ſogar ſagen, daß es einen „großen ſittlichen Mangel verrathen kann, daß die ſitt„lichen Vollkommenheiten bey weitem nicht die höchſten „ſind, wenn dieſes Bedürfniß nicht entſtehet ; daß es „zuverläßig in der Denkungsart ſolcher Menſchen ir„gendwo fehlen muß, daß in ihrer Seele ſodann, ſolche „Ideen die herrſchenden ſind, welche die Trägheit näh„ren , und eine höhere Anſtrengung verhindern. Ich „möchte ſagen , daß der Grad der Theilnehmung und „Verwendung der Wärmemeſſer ihrer Tugend wäre. „Dieſem zufolge, haben nur die edleren Menſchen, die „zu ſolchen Verbindungen nöthige Stimmung und Ge„duld, um aus nichts Etwas zu machen, und in einer „dauerhaften Verbindung zu leben, allen übrigen Vor„theilen großmüthig zu entſagen, und ſich mit dem In„tereſſe und der Ermunterung zu begnügen, welche ſie „hier erhalten, um noch weiter zu rücken. Dieſe wer„den ihren Geiſt auch andern mittheilen , und durch „ihr Beyſpiel nützen und lehren. Dieſer ſind ſehr we„ni=

„nige; sie können also der Welt, wie sie dermalen ist,
„nicht sobald fürchterlich oder gefährlich werden. Die
„Folgen ihrer Vereinigung werden für die Welt erst
„nach dem Laufe von Jahrhunderten sichtbar werden.
„Niemand kann dadurch leiden, daß sie und andere
„besser und gemeinnütziger werden.„

Weishaupt entwarf die Statuten zu einer gehei=
men Gesellschaft, engern Verbindung, die nicht gleich den
Namen der Illuminaten, sondern der Perfektibilisten
führte, und so geschah den 1. May 1776. die erste
Initiation einiger Mitglieder — — Anfangs mag die
Absicht ganz rein, und der Endzweck gut gewesen seyn.
Allein bald ward Alles verschlimmert. Die Mitglieder
wurden zusammengrafft. Es ward Herrschsucht zur
Grundlage angenommen. Es mischten sich ausgeartete
Pfaffen und Mönchen darein. Die unbekannten Obern
giengen immer weiter — und man suchte wirklich alle
Stellen, die auf Wissenschaften, Erziehung und Staats=
verwaltung Bezug hatten, mit Ordensgliedern zu be=
setzen, oder doch alle diejenigen, die schon wirklich auf
diesen Zweig der Staatsverwaltung vorzüglichen Ein=
fluß hatten, in Verbindung zu ziehen. Ob man
nicht weiter gedacht habe: will man hier nicht untersuchen.

Der Berliner Recensent bemerkt ganz treffend —
daß geheime Gesellschaften der vorzügliche Weg seyn, uns
zu einer höhern Sittlichkeit hinzuführen, davon werde
ich mich nie überzeugen können. Nicht Abneigung ge=
gen geheime Gesellschaften, die aus der Ueberzeugung
von dem vielen Bösen entstehet, das durch sie bewirkt
wird, dringen mir diese Aeußerung ab; nein, sondern
die Ueberzeugung, daß wahre Sittlichkeit nur durch
Aufklärung (ächte, angemessene Aufklärung mit Her=
zensbesserung verbunden) erreicht werden könne. Hie=
zu

zu sind keine geheimen Verbindungen nothwendig; man handle öffentlich, belehre jeden über seine Pflichten und Verbindlichkeiten, bediene sich der für ihn und seinen Stand faßlichen Vorstellungsart, und man wird auf diesem Wege seines Zweckes gewiß nicht verfehlen; zugleich aber auch die Mängel und Mißbräuche vermelden, welche von allen geheimen Gesellschaften unzertrennlich sind. — Bisher aus der Freym. Bibl. u. s. w. Weishaupt der heldensende, ganz philosophische, unternehmendeste Mann hat also den Illuminatenorden (einen zwar nicht ganz neuen, gewiß aber erneuerten Orden) in Teutschland eigentlich gestiftet, *) in eine besondere Ordnung gebracht, und unendlich verbreitet. Anfangs mag die Absicht ganz rein, edel und menschenfreundlich gewesen seyn. - Es schien nur zweckmäßige Aufklärung unter allen Ständen und Klassen der Staatsbürger, heisser Durst nach Wahrheit, und innigstes Bestreben nach Menschenwohl diese großmüthigen, thätigen Menschenfreunde zu beleben. Die besten, wißbegierigsten jungen Leute drängten sich mit beyspiellosem Eifer zu dieser Gesellschaft. Einige glaubten die wahre und ächte Freymäurerey zu finden, die schon von so vielen so sehr herabgewürdiget ward; einige glaubten noch mehr zu finden, um sich ganz befriedigen zu können.

Allein, wie es zu geschehen pflegt, diese Verbindung artete bald aus. Ehrgeiz von Seite des Stifters, sklavische Befolgsamkeit von Seite der Aufgenommenen verdarb gar bald Alles. Der Plan ward immer erweitert, und dahin ausgedehnt, wohin die ersten Häupter

An=

*) Der berüchtigte Cagliostro (Balsamo) war also wohl niemals das geheime Oberhaupt, oder auch nur ein Mitglied dieses Illuminatenordens, wie man es vorgab.

II.   e

Anfangs selbst nicht dachten. So entstand nach und nach ein Ungeheuer, das dem Staate und der Religion gefährlich und verderblich ward. So ergieng es der edeln, menschenfreundlichen, wohlthätigen Freymäurerey — Menschlich und wohlthätig sollte die Freymäurerey seyn — und sie war's — ist es noch hin und wieder. Darinn liegt das größte Geheimniß unserer Vorfahren, das Geheimniß, glücklich zu seyn. Aber unter unreinen, gewinnsüchtigen, zerstörenden Menschenhänden ward sie unrein, bemackelt, entstellet, entehret — sie ward in eine Mumerey, in ein Gaukelspiel verwandelt, oder wohl gar zur Kabale und Intrigue erniedrigt. Praktische Freymäurer giebt es sehr wenige, ein kleines Häufchen gut, und biederer Männer. Theoretische, pralende, mit Titel und Namen prangende haben wir genug.

Man hat in der Freymäurerey Sekten ohne Ende — Man hat so genannte Verbindungen der unbekannten Weltweisen, Verbreiter des martinistischen Systems, Philalethen, Kosmopoliten, die heiligen Väter des Jesusorden, Rosenkreuzer, die eingeweihten Brüder aus Asien, die ägyptischen Brüder, die Geisterseher und Magen, und die von der strikten Observanz, Zinnendorfianer, die Reformirten, Eklektiker, und wie sie immer alle heißen mögen. —

Mit dem Illuminatismus — so überhaupt genommen — verhält es sich ganz anders. Praktische und thätig handelnde Illuminaten giebt es viel mehrere, als bloß theoretische und spekulative. Das ist: Mehrere wollen als Aufgeklärte erscheinen und dafür angesehen werden: sie mißbrauchen auch die wenige Aufklärung, die sie haben. Denn wahre, gut, und nützlich aufgeklärte Männer sind nicht eben so häufig zu finden — Und diese könnte man als bloß theoretische Illuminaten betrachten — Meinet=

we=

wegen auch nennen: wenn nämlich von der reinen, ersprieß=
lichen Aufklärung, hiemit von dem unschuldigen Illumina=
tismus die Rede ist.

Diese bloß theoretischen sind nicht zu fürchten; sind
nicht schädlich. Ich kenne selbst einige sehr geschickte, ge=
lehrte und rechtschaffene Männer — wahre Patrioten —
die vielleicht in ihrer Denkungsart und Spekulazion zu
weit gehen — aber deßwegen nicht schlechter handeln. In
ihren Amtsgeschäften lassen sie nichts davon hervorblicken.
Uiber die Denkungsart, Begriffe, und Zweifel eines phi=
losophischdenkenden Mannes, wer wird wohl Richter seyn
wollen, oder können? Höchstens habe ich sie, diese philo=
sophischen Denker, unter gutgesinnten und aufgeklärten Men=
schen, im vertrautern Zirkel, vertrauter, und so reden
gehört, wie sie denken — aber immer ohne Absicht auf
Sektireren, Parteygeist, Proselytensucht —

Solche Männer sind achtungswerth, wenn sie auch
irren, wenn sie auch anders denken, als die meisten den=
ken — Nur handeln müssen sie besser, als die meisten Men=
schen. Man mag sie nun Aufgeklärte oder wie sonst immer
heißen, dieß kann ihnen nicht nachtheilig seyn, weil sie
Niemanden nachtheilig, sondern wohl gar nützlich sind.
Der Name Illuminat macht nichts zur Sache — nur
ihr praktisches Leben soll für den Staat und ihre Mit=
bürger unschädlich seyn.

Es giebt also Illuminaten von zweyerley Art und
Gattung. Die ersteren sind der Regel nach nicht schäd=
lich — denn sie bleiben nur beym Denken stehen —
sie denken freyer als andere Menschen — aber sie han=
deln nicht schlechter — sie philosophiren über jeden Ge=
genstand, und gehen vielleicht auch weiter, als sie sollten —
aber sie schaden weder dem Staate überhaupt, noch ei=
nem Mitbürger insbesondre. Wenn sie schaden, so scha=
den sie sich nur selbst. e 2 Aber

Aber die Andern sind gefährlicher, sie suchen falsche Denkfreyheit in Ausübung zu bringen, sie wollen so frey — ungebunden, zügellos, frech, ausgelassen handeln, als sie frey — unphilosophisch, unzusammen- hangend, ohne Grundsätze denken — sie sind Häupter oder doch Beförderer und thätige Mitglieder der engsten, eben nicht zum Menschenglück eingegangenen Verbindungen: sie sind nicht zufrieden, daß sie freydenken, sie wollen auch, und wenden alle Mittel an, daß auch viele an- dere so denken, so handeln sollen: sie suchen sich geschickte, talentvolle, thätige, feurige, junge Leute aus, die sie mißbrauchen, und in ihre Absichten eingeweihet, als Werkzeuge anwenden, um alle Hindernisse nach und nach bey Seite zu schaffen, die ihnen und ihren Unterneh- mungen im Wege stehen könnten.

Dieß gehet ganz auf Komplot, Herrschsucht, und Demagogenglück hinaus — Dieß nähert sich der heuti- gen Gallomanie. Hier liegt der Hauptgrund des Plans und dieses höchstschädlichen Bundes — und auf diese Art wird die unschuldige Freymäurerey hineingeflochten und als Vehikel mißbraucht.

Als dieß zur Presse fertig lag — kam ein neues Buch in meine Hand, das ganz hieher taugt: Die neue- sten Arbeiten des Spartakus (Weishaupt) und Philo (Knigge) in dem Illuminaten = Orden jetzt zum erstenmal gedruckt 1793. 8. Leset Freunde, und urtheilet — Glaubet nicht Alles, aber über die Haupt- sache gehet nicht flüchtig hinaus —

Also die Quintessenz des Illuminatismus wäre diese: Alle Unterwerfung gründet sich auf Hilfsbedürftigkeit, folglich hört alles Beherrscher- recht der Fürsten auf, sobald das Volk fähig ist, sich selbst zu leiten.

Zu

Zu dieser Selbstbeherrschung ist hauptsächlichst nothwendig, daß man seine Bedürfniße auf das alleräußerste einschränke, und anderen Menschen nützlich zu seyn sich bestrebe; weil die wahre Freyheit darinn besteht, selbst so wenig als möglich fremder Hilfe zu bedürfen, und mancherley Fähigkeiten zu besitzen, um andern damit behilflich zu seyn.

Die Vereinfachung der Bedürfnisse kann nur erreicht werden, wenn man von den konventionellen Verhältnissen abgeht, und dadurch, daß man seinen Verstand aufklärt, sein Herz veredelt und seine Sitten läutert, zur glücklichen Einfalt und Würde des ersten Menschengeschlechts zurückkehrt.

Wenn Niemand seine Kräfte mißbrauchte, und allen übermäßigen Ausbruch der Leidenschaften vermiede: so entwischte daraus für die Gesellschaft der allein glücklichmachende Genuß von Gleichheit und Freyheit.

Diese Gleichheit und Freyheit lassen sich aber nur so lange behaupten, als das ganze menschliche Geschlecht sich als eine einzige Familie betrachtet: denn durch Abtheilung des Erdreichs wird auch das gemeinschaftliche Wohlwollen getheilt, und Nazionalismus, Patriotismus, Lokalismus und zuletzt Egoismus treten in die Stelle allgemeiner Menschenliebe.

Aufklärung des einen, um den andern in Irrthum zu erhalten, giebt überwiegende Macht, und führt die Knechtschaft ein; aber

Aufklärung um andere minder aufzuklären, giebt wahre Freyheit; daher muß man diese Grundsätze erst zu Meynungen machen, und hernach sie in die Sitten übergehen laßen, dann wird die wahre Freyheit erzwecket, und folglich die Fürsten entbehrlich werden.

Blendend, aber chimärisch! Des Mißbrauches wegen höchst gefährlich! In der Anwendung der Mittel höchst schädlich — dem ganzen Menschengeschlechte tödtlich! Die ganze Verfassung und Einrichtung dieses geheimen Ordens von der Minervalklasse an bis zum Regentengrad was giebt sie wohl anders zu erkennen, wohin zielen alle die Instruktionen und Statuten anders, als daß dieser Orden im Geheimen sich die ganze Regierung zueignen, herrschen will? Die geschicktesten, tauglichsten, feurigsten Köpfe suchet er in seine Verbindung und Absichten zu ziehen — sie werden von unbekannten Obern beherrschet — und dadurch will man die ganze Welt endlich beherrschen — So wie das System gemeiniglich vor Augen gegeben wird, scheint es das beste, menschenbeglückendeste, bloß Aufklärung des Verstandes, und Besserung des Herzens beabzweckende System zu seyn, weil nur höhere Sittlichkeit, Tugend, allgemeine Menschenliebe, die Mittel seyn sollen, um den erhabensten, alles Menschenglück vereinigenden, zum wahren patriarchalischen Leben führenden Zweck zu erreichen. Schöne, glatte, befriedigende Worte! Aber man höre nur und lese die Maximen und Grundsätze, insbesondere aber für den Regentengrad ; so wird man, wenn man nur ein wenig denken und vergleichen kann — das Wahre bald einsehen lernen. —

Die Nachricht, welche Girtanner (hist. Nachrichten über die französ. Revol. 3. B. S. 418.) von
der

der französischen Propaganda giebt, *) verdient gewiß hier ihre Stelle: „Der Klubb der Propaganda ist sehr verschieden von dem Jakobinerklubb, **) obgleich beyde gar zu oft mit einander verwechselt werden. Die Jakobiner sind die Aufwiegler der Nationalversammlung: die Propaganden hingegen sind die Aufwiegler des ganzen Menschengeschlechts. „

„Dieser Klubb existirt schon seit 1786, und die Herren Rochefoucault, Condorcet und der Abbé Sieyes stehen an der Spitze desselben.,,

„Ihre Grundsätze bestehen darinn: daß sie einen philosophischen Orden zu stiften vorhaben, welcher über die Meynungen der Menschen unumschränkt herrschen soll. Um ein Mitglied dieser Gesellschaft zu werden, muß man entweder ein Vertheidiger der Modephilosophie, oder ehrgeizig, oder mit der Regierung, unter welcher man lebt, unzufrieden seyn. Bey der Aufnahme giebt man sein Ehrenwort, daß man Verschwiegenheit beobachten wolle. Aber, ehe er noch aufgenommen wird, stellt man dem Aufzunehmenden vor: die Zahl der Brüder des Ordens sey ungeheuer groß, sie seyen über die ganze Erde verbreitet, und alle diese Brüder bemühten sich unaufhörlich, die falschen oder verrätherischen Brüder aus dem Wege zu schaffen,

wenn

*) Girtanner gab sich während seines Aufenthaltes in Frankreich alle Mühe, etwas Zuverläßiges von dieser Propaganda zu erfahren. Aber es glückte ihm nicht; bis er endlich von einem vortrefflichen Manne folgende authentische Nachricht erhielt, die er verbürgen kann.

**) Jzt sind sie es nicht mehr.

wenn diese es wagen sollten , das Geheimniß zu verrathen. „

„ Der Aufzunehmende giebt ferner sein Ehrenwort, daß er seinen Brüdern alles entdecken, das Volk jederzeit gegen die Regierung vertheidigen , sich jedem willkührlichen Befehle widersetzen , und alles thun wolle, was von ihm abhänge , um eine allgemeine Toleranz aller Religionen einzuführen. „

„ Es giebt zwey Klassen von Mitgliedern: solche, die bezahlen , und solche, die nicht bezahlen. Die bezahlenden Mitglieder geben jährlich vier Karolins, und die Reichen geben doppelt so viel. Die Anzahl der bezahlenden Mitglieder beträgt ungefähr 5000 ; die Anzahl der nicht bezahlenden Mitglieder ist über 50000. Diese geben nichts , aber sie machen sich verbindlich, in allen Ländern die Lehre der Propaganda auszubreiten, und ihre Zwecke zu befördern. „

„ Der Orden hat zwey Grade: Adspiranten und Inizirte. Den Adspiranten ist der Zweck des Ordens bekannt , aber die Inizirten kennen noch überdieß die Mittel , deren sich der Orden bedient , um zu diesem Zweck zu gelangen. Ein Adspirant kann nicht eher zum Inizirten aufgenommen werden , ehe er nicht eine philosophische Mission unternommen hat , und deutlich beweisen kann, daß er zehn Proselyten angeworben habe. Die Kasse des Ordens besitzt gegenwärtig zwanzig Millionen Livres baares Geld, und zufolge der Berechnung, von 1791. waren dreyßig Millionen in derselben vorhanden. „

„ Der Orden beruht auf folgenden Grundsätzen: Bedürfniß und Meynung sind die Triebfedern aller menschlichen Handlungen; macht also, daß das Bedürfniß entstehe, oder beherrscht die Meynung, und

ihr

ihr werdet alle Systeme in der Welt erschüttern; selbst diejenigen , welche am festesten gegründet zu seyn scheinen.„

„Die Holländer zu verführen , hat dem Orden große Summen gekostet : aber der Gedanke, daß der Stoß allgemein sey, hat sie endlich auch mit fortgerissen.„

„Der Plan des Ordens ist folgender: Niemand kann läugnen, daß die Unterdrückung, unter welcher die Menschen leben, eine schreckliche Barbarey ist; diese muß daher durch das Licht der Philosophie zerstört werden. Ist dieses erst geschehen: dann darf man nur den günstigen Zeitpunkt abwarten , in welchem die Gemüther allgemein gestimmt seyn werden, das neue System anzunehmen, welches über ganz Europa , auf einmal gepredigt werden muß. Diejenigen , welche sich diesem System hartnäckig widersetzen, muß man suchen, durch Ueberredung oder durch die Nothwendigkeit, auf andere Meynung zu bringen. Fahren sie aber fort widerspänstig zu seyn; so muß man sie behandeln, wie man jetzt die Juden behandelt, und ihnen überall das Bürgerrecht versagen. „

„Nach diesen Artikeln kömmt noch ein anderer, in dem Plane des Ordens vor, der nicht weniger sonderbar lautet: Er heißt:

„Die Propaganda darf nicht eher einen Versuch machen , ihren Plan in Ausführung zu bringen, ehe sie nicht vollkommen überzeugt ist , daß das Bedürfniß vorhanden sey. Besser wird es seyn, noch funfzig Jahre zu warten, als durch Uebereilung den Zweck zu verfehlen. „

„Eine zahlreiche Gesellschaft , deren Mitglieder bis jetzt bloß noch einzeln handeln, die Geld anhäuft, die langsam zu Werke geht, und sich vor aller Ueber-

i

el-

ellung sorgfältig hütet , die keinen Streich wagen will,
ehe sie nicht des Erfolges gewiß ist ; eine solche Gesellschaft ist sehr gefährlich. Ihre Progressen können vielleicht schnell seyn , und ihre Ausrottung scheint beynahe
unmöglich. u. s. w.,,

10.

Edle Handlungen.

Edle Handlungen sind in jeder Rücksicht werth , unse-
ren Landsleuten bekannt zu werden. Wenn aber Könige
selbst mit Partikuliers gleichsam in die Wette eifern, um
gleich edel zu handeln — dann sind sie des Aufbewah-
rens werth; weil sie sodann, als Bruchstücke, zur Charakteristik solcher Menschen gehören, denen die Vorsehung
das Schicksal ganzer Nazionen und Völkerschaften in die
Hände legte. Eine solche Handlung ist folgende , die
zugleich und vorzüglich das edle und vortreffliche Herz
eines Mannes darstellt, der, als Vertheidiger des Vaterlands, schon von seiner frühesten Jugend an, unserm
f. Hause die thätigsten Dienste geleistet hat.

Im Jahre 1771 war wegen der damaligen Hungersnoth die Ausfuhr des Getraides in Böhmen verboten. Et-
niges Militär wurde nun mit den strengsten Befehlen an
die Gränzen beordert, so zwar, daß auf diejenigen Ge-
traidepascher, die auf den Zuruf dennoch ausreißen wollten, ohne weiters Feuer gegeben werden sollte. Unter
diesen Militaristen befand sich Fähnrich Peyer. Bey
Visitirung der Posten beobachtete er selbst einen Getrai-
de-

beraſcher; er rief ihm zu anzuhalten; allein er wollte
ausreiſen; hier ſchoß er, und erlegte ihn. Dadurch
wurde eine Frau mit fünf Kindern unglücklich. Dieß
gieng ihm ungemein zu Herzen. Der einzige Sohn er-
lernte indeß das Fleiſchbauerhandwerk; wurde aber auf
ſeiner Wanderſchaft von preußiſchen Werbern angeworben. Die Familie gerieth dadurch in eine noch mißlichere
Lage.

Herr Capitain Peyer (denn im J. 1790. ward
er in dieſer Stelle) konnte auf die unglückliche Familie
nicht vergeſſen; er ſchrieb, nachdem er vergebens an den
preußiſchen Capitain, von deſſen Compagnie der Mann
war, geſchrieben hatte, an Wilhelm den König von
Preußen, folgenden Brief:

Eure Majeſtät!

Der Ruhm von der unendlichen Güte und Sanft-
muth, mit der Eure Majeſtät nicht nur Ihre Unterthanen gnädigſt behandeln, ſondern auch die wohlthätigen Ausflüſſe dieſer großen und nur großer Könige würdigen Tugenden, die auch auf Ausländer übergehen, dieſer Ruhm, der über ganz Europa verbreitet
iſt, und dieſe menſchenfreundlichen Geſinnungen auch für
Ausländer gaben mir Kraft und flößten mir Muth ein,
mich an Ihre höchſte Perſon ſelbſt zu wenden. Wie
ſehr wünſchte ich, daß folgende Umſtände, die ich faſt
unmöglich ſo beſchreiben kann, wie ſie wirklich ſind,
dieſe meine Dreiſtigkeit einigermaßen entſchuldigten. Im
Jahre 1771 ſtand ich auf Kommando in Waeberg, einem Städtchen in Böhmen, an den Gränzen gegen

Chur-

Churſachſen. Bey Viſitirung der Poſten, welche wegen der Getraidverſchleppung, auf höchſten Befehl mit den ſtrengſten Vorſchriften ausgeſtellt waren, erſah ich ſelbſt einen dergleichen Paſcher. Nach vielmaligem Anrufen, wollte er doch immer noch entweichen. Ich war daher genöthigt, meinen Befehl, auf Ausreiſſer ohne Weiters Feuer zu geben, zu befolgen, und hatte das Unglück einen Mann zu erſchieſſen, der eine Frau mit fünf Kindern zu Hauſe hatte, die ihn nachher beweinten und elend wurden. Dieſer Vorfall, einem Weibe ihren Mann und fünf Kindern ihren Vater entriſſen zu haben, ſchmerzte mich im Innerſten meines Herzens; obſchon mich der Gedanke rechtfertigt, dieſe That nach höhern Befehlen und im höchſten Herrendienſte begangen zu haben. Da nun der einzige Sohn dieſer troſtloſen Mutter in den höchſten Dienſten von E. M., als Soldat, ſteht, und die vier übrigen Schweſtern nicht fähig ſind, die Wirthſchaft dieſer alten bedaurungswürdigen Mutter zu beſorgen, ſo werfe ich mich zu den Füſſen vor E. M. und bitte, wenn es möglich wäre, dieſen Mann aus Ihren Militärdienſten zu entlaſſen. Ich will alle Unkoſten mit Freuden tragen, die E. M. für dieſe Entlaſſung zu beſtimmen geruhen werden. Der Mann heißt Sebaſtian Satler und lag im Auguſt des 1784ten Jahrs in Raun, der Hauptmann ſeiner Kompagnie hieß Herr von Seesdorf. Der Name aber des Reghments und des gegenwärtigen Standorts iſt der Mutter unbekannt. Ich bemühte mich ihn zu erfahren, aber umſonſt. Und weil dieſe gute Frau der Hilfe zu ſehr benöthigt iſt: ſo muß ich Eure Majeſtät bitten, das Unbeſtimmte meiner bemütbigen Bitte zu entſchuldigen, und vom Kriegskollegium berichtigen zu laſſen. E. M. machen eine ganze Familie dadurch glücklich und mildern zugleich meinen Schmerz

durch.

durch das unaussprechliche Vergnügen, diese Familie, die ich durch den unersetzlichen Verlust ihres Vaters unglücklich gemacht habe, durch den Ersatz ihres Sohnes, der gewisser Maßen den Vater der Familie vertreten wird, zu beglücken. O wie glücklich wäre ich', wenn auch ich meinen Landsleuten'), die E. M. gewiß sehr tief verehren, erzählen könnte, wie groß und gütig Wilhelm, der König von Preußen ist! Mein Herz wird hernach zufrieden seyn, und meine, und dieser Frau ihre Kinder werden den Namen Wilhelm doch preisen. Ich bin

Eurer Majestät

Unterthänigster
Peter Peyer.

Der König ward darüber so gerührt, daß er sogleich ans Kriegskollegium den Befehl ergehen ließ, den Standort dieses Mannes aufzusuchen, ihn auf Unkosten des Königs, nicht nur zu entlassen, sondern ihn noch mit einer neuen Montur und einem Reisegelde zu beschenken —

Dieser edle und vortreffliche Mann ist nun Major geworden und seiner Verdienste wegen, in den Adelstand der österreichischen Erbländer, mit dem Prädikate von Peyersberg erhoben worden.

Der Einsender dieser Nachricht hat sie durch einen Zufall in seine Hände bekommen. Und obschon er den Herrn Major von Peyersberg nicht um die Erlaubniß gebeten hat, sie hier öffentlich mittheilen zu dürfen, so findet er sich doch, als ein warmer Verehrer desselben; von deßwegen dazu verpflichtet, weil diese Begebenheit äußerst kurz und mager, erstlich in der Berliner Zeitung erschien; sodann aber auch in der Presburger Zeitung

und

und in den Wiener = Auszuge aus allen Zeitungen
eben so unbefriedigend abgedruckt wurde; daß also mein
verehrungswürdiger Freund durch die Mittheilung seiner
Gesinnungen in seinem ganzen Licht erscheine.

Wenzl Volgt

Prof. der Rhetorik am Gymnasium zu Kommotau.

II.

Einige Anekdoten und politische Bemerkungen aus dem Revoluzions = Almanach. Götting. 1794. 8.

*   *

Im Oktober 1792. wurde ein Cirkular in großer
Menge, und von verschiedener Handschrift, durch Teutschland verbreitet.   Man bediente sich dazu der Post, indem man es (aus verschiedenen Gegenden Teutschlands,
doch die meisten über Eger) an solche Personen adres-
sirte, von welchen man muthmaßete, daß sie an dergleichen unseligen Vorschlägen Geschmack finden würden — Ob es bloßer Zufall, oder ob es Plan war,
daß dieses Cirkular zugleich mit Custinens Einfall in
Teutschland verbreitet wurde; kann man nicht entscheiden.

Die Schrift war auf vier Seiten eng und klar,
aber leserlich geschrieben und führte den Titel: Ausruf
an alle Teutsche zu einem antiaristokratischen Gleich-
heitsbunde.   Dieser Aufruhr, und Aufstand hätte in allen
vorzüglichern Städten Teutschlandes den 1. Nov. 1792. des
Morgens früh um 7 Uhr ausbrechen sollen — — Zum

Ver=

Versammlungsort der allgemeinen teutschen National=
Versammlung ward einstweilen Nürnberg vorgeschlagen:
welche teutsche National=Versammlung alsdann unverzüg=
lich mit der französischen sich zu verbinden haben würde. —

Von wahren und ungeheuchelten Patrioten geschah
nun die Anzeige — So toll und schwärmerisch das ganze
Projekt an sich ist: so ist es doch ganz in dem Sinn
des Lieblingsschwindels, und der Verstimmung unsers
Zeitalters, einer Verstimmung, die durch Journalen = und
Zeitungs = Leserey, und durch Broschüren und Emissa=
rien in allen möglichen Gestalten genährt und unterhal=
ten wird. (A. V. S. 155.)

*   *   *

Uiber teutschen Demokratengeist und teutsche Ja=
kobiner. Fragmente und Erfahrungen. (A. VII. S. 208.
folg.) Sie sind von einem wackern, biedern Schwaben *),
die euch gleich guten, redlichen Böhmen — hier in Kürze
und mit einigen Veränderungen, zum Theile mitgethei=
let werden.

1. Das Verbot solcher zur Untergrabung der bür=
gerlichen Ordnung und Ruhe, und zur Auflösung der
Bande von Tugend, Moralität und Sicherheit verfaßten
Schriften ist so wenig ein Eingriff in die Preß = Freyheit,
als es ein Eingriff in die bürgerliche Freyheit ist, wenn
man Vagabunden und Unbekannten verbietet, mit Rat=
ten = und Mäusepulver, aqua Tofana und anderen Gif=
ten im Lande hausiren zu gehen. —

2. Wenn unsere teutschen Revoluzionsfreunde in
ihren Schriften Gift ausstreuen, so suchen sie sich, um

es

*) Fischer von Lindau am Bodensee 1793.

es straflos und ungestört thun zu dürfen, mit einem
Komplimente gegen die Konstituzion und Verfassung des
Staats, in dem sie leben und schreiben, zu verwahren —
Aber was würdet ihr von dem Manne erwarten, der von
dem Schutthaufen eines benachbarten Hauses einen flam-
menden Feuerbrand in euer Haus legte und spräche:
„er wird keinen Schaden thun, euer Haus ist gar fest
und gut„ — würdet ihr ihm nicht die Thür weisen
und sagen: Thor! packe dich mit deinem Feuerbrand,
so brennt mein Haus gewiß nicht an, und ich kann mir
auch das löschen ersparen.„

3. Die Lauigkeit in der Religion gehet in Teutschland immer weiter; und nachdem sie in den höhern und
gebildetern Klassen Freygeisterey geworden ist, was phi-
losophisch oder aufgeklärt denken heißt: so gehet sie
nun allmählich zu den niedrigsten Klassen über — welche
traurige Aussicht in die Zukunft! — Die Folgen müssen
höchst betrübt seyn.   In den katholischen Ländern ist
das Uibel noch weniger eingerissen, die grossen Städte aus-
genommen, allein in den protestantischen hat es schon
weit um sich gegriffen.

4. So viel ich alte und jüngere Theologen nach
modernem Schnitt habe kennen lernen, so viel Demokraten und Vertheidiger der französischen Revoluzion habe
ich in ihnen gefunden. (Versteht sich von Reichsländern) In vielen katholischen Ländern sonderlich unter den
Weltgeistlichen, in protestantischen überall — Diese Revo-
luzionsvorliebe läßt sich leicht erklären. Die katholischen
Geistlichen möchten gern Weiber haben, wie die neu-
fränkischen, und die protestantischen möchten gern auch
Rollen spielen.

5. Der Krieg Teutschlands mit Neufrankreich —
der von Seiten Teutschlands im wahren Sinn des Worts

Ver-

Vertheidigung gegen Uiberfall, Nothwehr gegen
Einbruch einer Räuberbande ist — wird noch ißt von
teutschen Demokraten und Jakobinern, als der Krieg
der Unterdrückung gegen die Freyheit, als der Kamp
des Despotismus gegen die Menschenrechte, und zwar
mit einer so schamlosen, und der eigentlichen Lage und
Beschaffenheit des Faktums trotzbietenden Stirne, aus=
geschrien, daß man es ohne gerechten Unwillen nicht an=
hören kann. Teutschland soll also den Schimpf ruhig
ertragen, ruhig seine Landesleute plündern und unter=
drücken lassen, und der Gewalt nicht Gewalt entgegen=
setzen? — Es sind ja nur Fürsten, oder geistliche und
privilegirte Stände, die darunter leiden? Der Verlust
gehet ja nur in die Millionen? — Nun wage es aber
ein diebischer Nachdrucker, und drucke einem Homme de
lettres ein Büchelchen von ein paar Groschen nach, gleich
soll das ganze teutsche Reich Theil nehmen, und ein
neues Straf = Gesetz festgesetzet werden! Der Himmel be=
hüte mich, daß ich dem Nachdrucks = Diebstahl hier das
Wort reden will; aber dieß Beyspiel soll nur beweisen,
wie freygebig die Herren mit anderem Gute, und wie
strenge sie sind, wenn es ihren Beutel gilt.

6. Der künftige Geschichtschreiber wird nicht ver=
gessen, zur Charakteristik des Revoluzionsgeistes am
Schlusse des XVIII. Jahrhunderts anzumerken, daß
einige Gelehrte, und die, welche entweder nichts mehr
zu verlieren hatten, oder doch im Begriff standen, nichts
zu haben, seine eifrigsten Partisanen waren. Daß un=
ter den Gelehrten die Publizisten, die Geschäfts = und
Staatsmänner, die Rechtsgelehrten, die wahren Philo=
sophen, und alle, welche Alter oder Amt aus Erfah=
rung in den Gang der menschlichen Dinge blicken ließen,
zu den Gegnern und Mißbilligern der Revoluzion gehö=

II.   f   ren,

ren, und daß hingegen ein großer Theil der Belletristen und Hommes de Lettres, der so genannten Genies, der Journalisten, der Hofmeister, der jungen Theologen u. s. w. ganz anders Sinnes sind —

7. Die Opinion wirbt den Neufranken Freunde, und diese Freunde sind die Feinde des Menschengeschlechts; entweder sind es Enthusiasten oder Räuber, oder Leute ohne Moral, oder Leute, die nichts zu verlieren haben, und Europa wimmelt von solchen Geschöpfen. — — Wie viele in Frankreich sind durch Geld, Intriguen, und Stimmen des gemietheten, großen Haufens, zum Spiel von Rollen gelangt, zu welchem sie bey einem gewöhnlichen und ruhigen Gange der Dinge nie gelangt seyn würden? Rabulisten, Bierbrauer, Wurmdoktoren, Parfümeurs, Komödianten, Zuchthäusler, Schuster, Schulknaben u. s. w. alle mit einem tüchtigen Ballast Eigendünkel, und desto weniger Kenntnissen befrachtet! — Und gewiß! wir haben dergleichen Leute auch in Menge in Teutschland, die sicherlich an Selbstzuversicht keinem Neufranken etwas nachgeben; und ist es ihnen zu verdenken, wenn sie auch nach einem Anlaß geizen, wo sie der lästigen Dunkelheit sich entrissen sehen, in welche sie sich gebannt fühlen? — Ob das Vaterland dabey gewinne? Ob es ihren Nebenmenschen fromme? Was kümmert sie das — —

8. Man nennt die Revoluzion in Frankreich die Revoluzion der Hosenlosen, der Nichtshaber, die freylich allein dabey gewinnen; man könnte sie auch die Revoluzion der Bartlosen nennen; denn ein großer Haufe junger Herrlein und junger Weiblein, voll Neuerungs = Abgötterey, machen einen großen Theil des Chors ihrer Lobredner und Anhänger aus. Die Jugend enthusiasmirt sich gern für Alles, was neu und in die Au-

gen

gen schimmernd ist, und daß kömmt die in diesem Alter natürliche Sehnsucht, frey von den Fesseln und der
Lektung des älterlichen Zwanges, und deren Obern im Amte,
und des Einflusses des reifern Alters zu werden. Die
Gesetzgeber des neuen Frankreichs sind ja auch meistens
Jünglinge, das man dem Gang und Ton ihrer Schlüsse
und Veranstaltungen anmerkt. Doch das muß man ihnen lassen, sie arbeiten, wie treue Gesellen, für sich und
ihres Gleichen. Dahin gehören z. B. die Dekrete, daß
Eltern und Verwandte keine testamentarischen Verordnun-
gen wegen ihres Nachlasses mehr machen dürfen; daß
uneheliche Kinder gleiche Rechte mit den ehelichen haben;
daß die Eltern keine väterliche Gewalt mehr über ihre
Kinder ausüben sollen; daß Schuldner von ihren Gläu-
bigern, durch das Zwangsmittel des Verhafts, nicht
mehr zur Bezahlung angehalten werden können — Lauter
Dekrete, wie man sie von einer Revoluzion der Bart-
und Hosenlosen erwarten muß, und welchen das Dekret
des emprunt forcé, der gesetzmäßigen Plünderung der
Wohlhabenden, die Krone aufsetzt. Was nun die Damen anbetrifft, die bey dieser Revoluzion eine so thätige
Rolle spielen . . Doch da fällt mir ein, von Damen
und von Todten, nil nili bene! —

(Dieß zur Probe — Wenigstens machen wir unsere
Leser auf dieß gegenwärtige Werkchen aufmerksamer;
wo sie viel mehr noch finden werden, als was wir ihnen
izt gesagt haben.)

12.

Muſter eines vortrefflichen Seelſorgers.

Verehrungswürdig iſt der Stand des Seelſorgers, verehrungswürdig der Mann, der in dieſem Stande
ſeine Berufspflichten vollkommen erfüllt, und unſerer
Liebe und Hochachtung doppelt werth der Edle, der ſeinen beſtimmten Wirkungskreis immer erweitert, und
jene, die von ihm geleitet zu werden das Glück genießen,
mit Wohlthaten überſtrömt.

So ein Mann iſt M** Sw**, Pfarrer zu
Po**, auf der Herrſchaft Schwarzkoſtelet in Böhmen.
Alle Theile ſeines Berufes ſind dieſem verdienſtvollen
Seelſorger gleich heilig, keiner zu unwichtig, keiner vor-
züglicher als der andere; Kanzel und Schule haben bey
ihm gleichen Rang; und er ſorgt nicht nur für geiſtli-
ches, ſondern auch für leibliches Wohl der ihm anvertrauten Gemeinde. Man will hier nicht ſein Beſtreben
anführen, mit dem ſich dieſer würdige Mann verwendete, daß
die Schule des Orts zweckmäſſig hergeſtellt wurde; man
will nichts von ſeinem Eifer ſagen, mit dem er itzt als Pre-
diger, itzt als Katechet das Wort Gottes erklärt; nichts von
ſeiner Beredſamkeit, mit der er in der Sonntagsſchule
das Geſinde, dann die erwachſeneren Söhne und Töchter
über ihre Pflichten überhaupt, und insbeſondere über die
gegen ihren Landesfürſten, gegen ihre Obrigkeiten und
Vorgeſetzte überzeugend belehrt; nichts von ſeinem Fleiße,
womit er die nützlichſten Geſundheitsregeln aus den beſten
mediziniſchen Schriften zuſammentrug, und der Jugend
zur Beobachtung empfiehlt; auch ſein Bemühen, das
von ihm bey ſeiner Gemeinde eingeführte Armeninſtitut
immer im wohlthätigſten Stande zu erhalten, übergeht

man

man mit Stillschweigen. Denn alles dieß ist im strengsten Verstande Pflicht jedes Seelsorgers , Schuldigkeit
jedes Volkslehrers. Aber folgende edle Handlungen
mögen die Beweise, wie so ganz, Pfarrer Sw ** unter
die verdientesten Männer seines Standes gehöre , bestättigen.

Liebevoll versieht er auf seine Kosten die armen
Schulkinder mit Büchern; liebevoll reicht er ihnen das
übrige beym Lernen nöthige Materiale dar; liebevoll belohnt er die fleißigsten Schüler mit brauchbaren Geschen-
ken. Gleich bey seinem im J. 1782. geschehenen Pfarr-
antritte beschloß der würdige Mann, zum bessern Unterhalte des Schullehrers, und damit er die Jugend mit
Eifer zu unterrichten ermuntert werde , jährlich 20 fl.
aus Eigenem zu reichen, und treulich erfüllt der Edle
schon durch volle 11. Jahre sein Versprechen. Die
Pfarrkirche des Orts hat er größtentheils auf seine Kosten sehr verschönert , so wie er zur Herstellung einer,
zur Eintheilung der Geschäfte äußerst vortheilhaften
Thurmuhre, die das Dorf Po ** ehe niemals hatte,
über 80 fl. aus Eigenem beytrug. Auch im ökonomi-
schen Fache thut der Mann seiner Gemeinde sehr viel
Gutes. So hat er vor 9 Jahren einen 7 Metzen be-
tragenden Landesstrich mit Kiefersaamen besäet , und
dadurch diesen ehemals öden Platz in ein schönes Wäld-
chen, so späterhin den reichlichsten Nutzen bringen wird,
umgeschaffen. So begann er den in seiner Gegend
ehehin unbekannten Flachsanbau , munterte das Volk
dazu auf, und führte die Spinnerey in die Schule,
und zum Theil durch diese in sein ganzes Kirchspiel
so allgemein ein , daß nun beynahe kein Haus mehr
zu finden ist, in welchem dieser , bey dem böhmischen
Landmanne ehehin meist ungewöhnliche Arbeitszweig nicht
be-

betrieben wurde.   Daburch, und durch den Unterricht
im Stricken und Nähen, den eine auf seine Kosten auf=
genommene Person der Schuljugend ertheilt, werden die
Industriezweige in seinem Kirchspiele immer vermehrt,
und die Zahl der Armen , die itzt nur aus 7 Perso=
nen besteht, wird immer mehr vermindert.   Wird je=
mand aus diesem, oder auch aus den dürftigen benach=
barten Kirchspielen krank (und wann sind alte, gebrech=
liche Leute vollkommen gesund?) so ist der mitleidige Sa=
maritan auch Arzt derselben.   Er reicht ihnen die Me=
dizinen aus seiner mit den nöthigsten Hülfsmitteln ver=
sehenen Hausapotheke unentgeltlich dar; ja, er nimmt
sie auch oft in seine Wohnung auf, sorgt für sie, pflegt,
bedienet sie, und so opfert der Edle einen großen Theil
seiner schmalen Einkünfte bloß zum Vortheil seiner Ge=
meinde auf —

   Wer kann so einem Manne seine Hochachtung
versagen? *) Wer liebt nicht den Edlen, der in seiner
Sphä=

*) Man zweifelt keineswegs, ja man ist vielmehr
   vollkommen überzeugt, daß unser Vaterland
   solcher vortrefflicher Seelsorger sehr viele zähle;
   da aber die Verdienste des Angeführten jüngst
   bey einer kreisämtl. Oerterbereisung entdeckt
   wurden: so konnte man nicht umhin, selbe
   zur Ehre unseres Vaterlandes bekannt zu ma=
   chen — Man fordert bey dieser Gelegenheit
   alle gutgesinnten Patrioten auf, daß sie meh=
   rere dergleichen Beyträge liefern möchten, da=
   mit wir das Verdienst, wo, und bey was
   für einem Stande es immer zu finden ist,
   preisen , und zur Belehrung, Ermunterung
   und Nachahmung darstellen könnten.

Sphäre so viel Gutes wirkt? Und wer bewundert den
Mann nicht, wenn er hört, daß Sw** eben der Seel=
sorger ist, der vor dritthalb Jahren zum Kanonikus an
der prager Metropolitankirche erwählet wurde, aber
bloß aus Liebe zu seiner Gemeinde Verzicht auf diese
ihm bestimmte reiche Pfründe that, und selber unun=
terbrochen und unermüdet, ohne Gehilfen, zum besten
seiner ihn zärtlich liebenden Pfarrkinder, im Weinberge
des Herrn baut.

13.

Bey der Nachricht von Marats Ermordung.

*   *   *

So hätte dann der Bösewicht, der seinen König und
Herrn aufs Schaffot brachte, und eine zahllose
Menge besserer Menschen morden hieß, den Tod, den
keine Schändlichkeit verdiente, den Tod: von Weibes=
hand durch Meuchelmord zu sterben: erlitten; so wäre
dann ein seltnes Scheusal der Natur, das sich am An=
blick zerstümmelter Leichen labte, und das Signal zu
Plünderung und Mord mit der kältesten Gleichgiltigkeit
gab, — weggetilgt von der Erde; erstorben die Hand,
die edlere Menschen in Proskripzionslisten zeichnete, und,
oft mit kaltem Federzug, Tod und Marter in die Hütten
der Unschuld brachte; — erloschen — der grinsende
Blick des schwärzesten Menschenhassers!

Beuge, Leser, dein Haupt, dem Herrn der
Schöpfung, der alles wohl macht, und laß uns ein we=
nig fragen: wer war denn dieser Marat? — So geübt
und verhärtet im Laster, Dank sey es der bessern Orga=

als

nifation der Menschheit, wird man nicht mit einemmale; nur durch langjährigen vertrauten Umgang mit verborbenen Menschen, nur in der Region des ausgeartesten Luxus und der Selbstsucht, nur bey einem von allem sittlichen Gefühle entblößten Materialism erzeugt, und verstärkt sich der Hang zum Bösen bis zu jenem tiefen Grad, zu dem Marat herabstieg.

Laßt uns die Vorakten seines Lebens lesen, um die Schule kennen zu lernen, in der sich ein so fürchterlicher und kaltblütiger Bösewicht bildete.

Es ist jene, die den Herzog von Orleans (Egalité) zu dem Betragen erzog, woburch er die Achtung aller Redlichen verwirkt hat; Es ist jener Klubb, der — diesen Herzog an der Spitze — schon lange vor der Revolution bestand, und sein Daseyn durch eine Menge von scheußlichen Handlungen bezeichnete.

Man erinnere sich an den Stuhl, den Egalité als Herzog von Chartres machen ließ, auf welchem man einen durch List und Versprechungen herbeygelockten Unglücklichen einklammerte, um ihm sein Herzblut durch langsame Messerschnitte abzuzapfen, und zu alchemischen Versuchen zu verwenden.

Wer wird zweifeln, daß Marat, der dem Mordmesser seiner gedungenen Henkersknechte und der Guillotine so viel zu schaffen gab, nicht an diesen Grausamkeiten Theil genommen, daß er schon lange vorher im stillen Morden und Giftmischen (vergeßt nicht, daß er ein Arzt war) sich geübt habe, ehe er zum öffentlichen Mord vorschritt. Man erkannte die feste Hand des Meisters in seinen verruchten Maasregeln, und mußte ihm eine Routine im Laster zugestehen, wie sie selten ein Bösewicht zu erwerben vermag.

Aber!

Aber! wie konnte ein solcher Szelerat, in dessen ganzem öffentlichen Leben man schwerlich eine einzige entschieden gute, wohlwollende — großmüthige oder menschenfreundliche Handlung aus reinen Absichten wird auffinden können, zum Volksrepräsentanten und Gesetzgeber gewählet werden?

Wie konnten edlere, und bessergeartete Männer sich herabwürdigen, ihren Sitz neben einem so entschieden schlechten, so notorisch nichtswürdigen Menschen zu nehmen?

Was für ein Volk mußte das seyn, bey welchem sich Marat jenen unumschränkten, durch Blut und Leichen befestigten Einfluß erwerben konnte, um alle Wünsche seiner schwarzen Seele ungehindert zu befriedigen?

Wie konnte man es so lange ungeahndet hingehen lassen, daß er — Volksrepräsentant, und Mitglied der Gesetzgebung in jedem seiner giftigen Blätter Aufruhr, Plünderung, Mord und Anarchie öffentlich predigte, da doch jeder Tumult, jede Plünderung, zu welcher er aufrieth, regelmäßig erfolgte?

Wie kam es, daß seine Proskriptionen besserer Menschen so geschwinden Beyfall, so geschäftige Vollstrecker fanden? Und — um nur zu enden, — aus welcher Quelle fließt die — mit allen Kennzeichen der Verehrung und des tiefsten Schmerzens vergesellschaftete ungekünstelte Bedaurung seines Hintritts?

Wie muß der Konvent, und ein großer Theil der Pariser Sansculois an Kopf, Herz, und Sitten beschaffen seyn, um an dem Grabe eines Infamen Thränen zu vergießen; während der beßre Theil der Pariser Bürger über die Greuelthaten seines Lebens seufzet, und die von ihm ermordeten Freunde und Gatten betrauert?

Hier,

Hier, Leser! findest du den Barometer, um
den wahren Grad der Sittlichkeit oder Unsittlichkeit zu
bestimmen, auf welcher sich die herrschende Parthey zu
Paris, vom Minister Danton, bis zum Keulenträger
in der Antonsstadt herab, gegenwärtig befindet; hier
hast du ein sicheres Criterium, zur Würdigung der
jetzt versammelten Nazionalkonvenzion, und ihrer Begriffe von dem, was gut, oder böse, edel, oder schänd-
lich ist.

Marats Leichenbegleitung und Todtenfeyer be-
weißt mehr, als irgend eine Thatsache den tiefen Sitten-
verfall der Pariser.

Wer darf sich in einer Stadt sicher glauben, die
dem Mörder von Tausenden ihrer Mitbürger Mauso-
läen setzt? Was darf man von einem Volke erwarten,
das dem schändlichsten der Menschen öffentliche Verehrung zollt, und Marats gebrandmarkten Namen auf
seine Kinder überträgt. Welcher Freyheit und vernünftigen Regierungsform, sind jene Unsinnigen fähig, die
den Urheber der Greuelthaten vom 2ten September und
21 Jänner öffentlich und feyerlich betrauern? Wie
tief — wie schrecklich tief muß ein Volk gesunken —
wie ganz vertilgt müssen alle Begriffe des Guten, Wahren und Schädlichen seyn, um so unbegreiflich schlecht,
und verworfen handeln zu können?

Hier in diesen Spiegel blickt, ich bitt' euch! ihr
Revolузions = Freunde!

„Es muß besser mit dem Menschen werden,„
sagt ihr. Das sag ich auch! Aber die Pariser, die
Marseiller u. s. w. sind ja schlechter — viel schlech-
ter geworden? Woher kömmt das? Sollte wohl die
Schuld zum Theil an den Physiokraten liegen, die bey
Aufstellung ihres Systems eine Sittlichkeit des Volks,

eine

eine Geneigtheit desselben: vernünftigen Gesetzen zu
gehorchen, voraussetzten, die bey dem wenigsten Theil
existirte noch existiren konnte — oder sind es die Fak=
zionsmänner, die selbst schlecht, das Volk absichtlich
schlechter gemacht, zum Mord und zur Plünderung gereizt
haben, um desto besser herrschen, desto ungestörter rau=
ben zu können?

Daß Revoluzionen in der moralischen Welt,
oder geschwinde Umwälzungen im bürgerlichen Leben
immer die schlimmsten, traurigsten, schrecklichsten Fol=
gen haben (der Leser erinnere sich an den Hussitenkrieg
und an die 30 jährigen Mordszenen nach der Re=
formazion) daß, wie schon Rousseau sagte, eine Staats=
oder Religionsveränderung, mit dem Blute auch nur
e i n e s Menschen erkauft, falsch berechnet sey.

Besser in der Welt, und mit dem Menschen
wird es nur in dem Verhältnisse, als unsre Sitten besser,
und reiner, unsre Einsichten und Kenntnisse besser, unsre
Forderungen mäßiger werden, als wir entschieden gute
Moralprinzipien anerkennen und befolgen.

Belehrt die Kinder in der Schule über die Rechte
des Eigenthums, über die Schändlichkeit des Diebstals,
Raubes, und Mords, über die dem Laster jeder Art
unvermeidlich anklebenden bösen Folgen u. f. w. und es
bedarf dann keiner Revoluzion.

Lehrt den Bauer seinen Ackerbau mit mehr Auf=
merksamkeit — den Handwerker — sein Geschäft mit
mehr Kunstfleiß und Redlichkeit treiben, entwickelt, und
ermuntert Industrie und Liebe zu nützlicher Beschäfti=
gung in jedem Stand. Wehrt durch Belehrung und
Beyspiel dem üppigen — alle Kraft erschlaffenden Lu=
rus —, und zeigt in einem faßlichen — an Arme
unentgeltlich zu vertheilenden Gesundheitskatechismus, wie
man

man seinen Körper erhalte, oder zerstöre. Dringt mehr
auf Handlung als auf Gebet, mehr auf Moral, als auf
Zeremonie; entfernet die schädlichen Beyspiele frömmelns
den Müssiggangs, und — mit einem Worte lehrt die
Menschen allgemach den wahren Zweck ihres Daseyns,
und die Forderungen, die Religion und Natur an sie
zu machen haben, lehrt sie das wahre Wesen der Dinge
kennen, so weit sie's fassen und gebrauchen können,
und es wird — ohne alle Revoluzion besser mit ihnen
werden.

Auch der Geist der Regierungen, wie jener der
Gesetzgebung wird milder, so bald es die Menschen ge=
worden sind. Dieß im Vorbeygehen —

Mit Vergnügen hat der partheylose Forscher der
Geschichte seiner Zeit die Indignazion bemerkt, mit
welcher mehrere Departements und einzelne noch unver=
schrobene Gallier das unwürdige — schwache — oder nie=
derträchtige Betragen des Nazional=Konvents aufgenom=
men haben; und wenn ja noch Hülfe von innen für
Frankreich zu hoffen wäre: so müßte sie von dieser Seite
herkommen — so müßte durch die vereinten Bemühungen
des bessern und gesundern Theils der Einwohner Ord=
nung, Ruhe und Sicherheit wieder hergestellet — und
dem Lande ein König, und eine zweckmäßige Konsti=
tuzion wieder gegeben werden — da es bey den Ge=
schichts= und Menschenkennern gar nicht zweifelhaft ist,
daß sich das sehr bevölkerte — an Sitten tief korrum=
pirte Frankreich unmöglich zu einer Republik organi=
siren könne.

Ein einzelnes — aber sehr hervorstechendes Bey=
spiel: daß man in den Departements das schädliche —
mord = und raubsüchtige Betragen der Faszionsmän=
ner

ner nicht verkenne, gab am 13. Julii d. J. Marats Mörderinn — Marie Charlotte Corday von Caen.

Zwar können die edlen Beweggründe, und der enthusiastische Gedanke: Retterinn ihres Vaterlandes zu werden, das Unzuläßige des Meuchelmordes nicht entschuldigen; Aber! laßt uns diese zweyte Judith — oder Jael, wenn Ihr wollt — ohne Rücksicht auf die peinliche Halsgerichtsordnung betrachten.

Sie hört, und list täglich, daß alles Unglück ihres Vaterlandes von jenem Infamen herrühre, den Louvet mit diesem Beywort am kenntlichsten zu bezeichnen glaubt.

Die Mädchen von Caen sind schon länger her wegen ihrer lebhaften Empfindungen, der Stärke ihres Geistes und ihrer Liebe bekannt.

Diese Marie, 25 Jahre alt, entschließt sich eine zweyte Jeanne d'Arc zu werden; Sie findet den Gedanken groß, den Mann, der dem Wohl, der Ruhe, und dem Glück ihres Vaterlandes am heftigsten entgegen strebt, von seinem durch Künste aller Art usurpirten Posten wegzuschaffen.

Stillschweigend beschließt sie diese That, kömmt, spricht — und tödtet Marat den Scheußlichen. —

Kommt hieher, ihr Dragomans der Karoline *), und richtet mir diese Marie. — Verdammt mir — wenn ihr könnt, dieses hochflammende Gefühl von Vaterlandsliebe; Sprecht, wenn es euer Herz zuläßt, das Schuldig über ein Mädchen aus, das den grimmigsten Feind ihres Vaterlandes vernichtet, und durch seine That die Feigheit der Männer ihres Volkes und des Konvents beschämt!

Ja

*) Karls V. peinliche Halsgerichtsordnung.

In den Augen der partheylosen wahren Volks=
freunde war dieser blutdürstige Marat schon längst ge=
richtet; schon längst erklärten ihn die besseren Menschen
für vogelfrey, und selbst der Konvent hätte ihn früher
gerichtet, wäre nicht der Repräsentanten feige Furcht vor
Marats Gurgelabschneidern im Wege gestanden.

Kein Mann wagte sich an den Bösewicht. Nur
Marie vollzog das Urtheil, das in dem Herzen jedes
Redlichen längst über ihn gesprochen war; ein weibli=
ches, sonst zu sanftern Empfindungen gestimmtes Geschöpf
erhob sich zu einer Geistesstärke, deren sich kein Mann
fähig zeigte. Sie opferte dem Vaterlande — um es
durch Marats Tod zu retten — willig ihr Leben.

Man hat sie hingerichtet; aber in den Annalen
Frankreichs, so bald sie kein Jakobiner mehr schreibt,
wird Mariens Name neben der edlen Jeanne genannt
und mit Rührung, Dank und Achtung ausgesprochen
werden, während man das stinkende Andenken Marats
des Menschenfeindes in alle Ewigkeit verfluchen wird. —

Stourzh.

14.
An die Herren Stände des Königreichs Böhmen.

(Alxinger in s. Oest. Monatsschrift Sept. 1793.)

Ihr lohnt, Verehrte, mir mit diamantnen Aehren *)
  Ein Schnitterlied, an dem vielleicht

Nichts

*) In einem schön carmusirten Ringe, erhal=
ten aus der Hand S. E. des — uns Böh=
men unvergeßlichen — damaligen Herrn
                              Oberst=

Nichts gut war, als das Herz des Sängers, und Ihr reicht,
Den Werth der Gabe noch zu mehren,
Sie mir durch eine Hand, worin
Ein Kiesel selbst zum Diamante würde.
O, nehmt dafür, nehmt meine Dankbegierde
Und dieses gute Herz, das Ihr belohnet, hin!
Doch fühl' ich mich durch das Geschenk geehret,
Doch höher noch hierdurch, daß vor dem Fürstenpaar,
So auf mein Lied mit Vaterhuld gehöret,
Ich das Organ all Eurer Herzen war.

15.

Wohlgemeynte Stiftung eines guten Bürgers.

Joseph Plattlich Bürger der Stadt Aussig im Leitmeritzer Kreise, und dessen Schwester Marianna verwittwete Pfaffinn beschlossen im Jahre 1791. zum Besten der Seelsorge eine geistliche Stiftung für einen Priester oder Kaplan zu errichten, wozu dieselben ein Kapital von 6000 fl., das unter die Bürgerschaft der Stadt Aussig gegen sichere Hypothek auf landesübliche Interessen angelegt werden sollte, widmeten. Für den Genuß der Interessen von dieser Stiftung sollte der

Stifts=

Oberstburggrafen in Böhmen, izt Hofkanzlers in Wien, Grafen von Rottenhan. Das Lied stehet im Januar der österreichischen Monatsschrift: zuvor ward es schon der obenangeführten Beschreibung von dem Aerndte= und Rosenfeste beygedruckt.

Stiftsgenosse, die Verbindlichkeit haben , für die sowohl
Lebenden als Abgestorbenen der Joseph und Marianna
Plattlichischen und Matthes Pfaffischen Freundschaft wöchentlich 6 Messen, dann an den Pestpatronstagen eine
Messe in der Außiger Pfarrkirche zu lesen ; ferner jede
Woche 3 Stunden der Außiger Schuljugend den kate-
chetischen Unterricht zu ertheilen; den ersten Sonntag in
jedem Monate Nachmittags eine christliche Lehre von der
Kanzel vorzutragen ; in der Fastenzeit aber , anstatt
dieser, jeden Freytag eine Lehre über das Leiden Chri-
sti zu halten.

Auf die Wohnung des Fundatisten , oder zu
dessen freyer Waltung vermachten dieselben die Interessen
von einem besonderen Kapital pr. 300 fl.

Zu dieser Stiftung legte Joseph Plattlich im J.
1792. noch ein Kapital von 1000 fl. zu , für dessen
Interessengenuß der Stiftsgenosse die sonst gewöhnliche
halbstündige Frühpredigt wieder halten sollte.

Nebstdem ließ derselbe zur Schadloshaltung der
Kirche für den Fundatisten 3 eigene Kirchenornate mit
allem Zugehör , und einen silbernen Kelch verfertigen,
und widmete zugleich zu deren immerwährender Unter-
haltung ein Kapital von 50 fl. — Und auf diese Art
stieg diese sogenannte Joseph Plattlichisch - und Marianna Pfaffische Messen-Katecheten- und Prediger-
stiftung auf ein Kapital von 7350 fl.; welche Stiftung
im Oktob. d. J. von dem Leitmeritzer bischöfl. Ordina-
riate ratifizirt , und von dem k. Landesgubernium be-
stätiget wurde.

Das Präsentationsrecht behält sich der Mitstifter
Joseph Plattlich bey seiner Lebzeit dergestalt vor , daß
er sich hierwegen jederzeit mit dem Außiger Magistrate
und dem Stadtdechante einvernehmen will ; nach seinem

To=

Lobe aber soll daſſelbe der gleich genannte Magiſtrat mit Genehmigung des Stadtdechants ausüben.

16.
Lazansky als Muſenfreund.

Nur in dieſer Hinſicht wird dermal der große Miniſter geſchildert. — Alle übrigen Titel, alle andern Verdienſte, alle Vorzüge müſſen hier wegbleiben. — Lazanſky ſoll nur als Muſenfreund dermal erſcheinen. *) Denn er war es — bevor er noch das ward — was er itzt iſt. Er liebte die Wiſſenſchaften von Jugend auf, er that ſich überall hervor , er zeichnete ſich beſonders in den Rechtswiſſenſchaften aus. Er diſputirte mit ausgezeichnetem Beyfalle aus der geſammten Rechtswiſſenſchaft unter dem alten Riegger in der ſavonſchen = lichtenſt. Akademie zu Wien, mit dem Schuße der großmüthigſten Beſchützerinn der Wiſſenſchaften — Marien Thereſiens begleitet. **) Dieſe wohlthätigſte, die Wiſſenſchaften, und die den Wiſſenſchaften ganz ergebenen Zöglinge ſchützende Monarchinn belohnte ihn, beförderte ihn von Stuffe zu Stuffe. So ſtieg er bis zur erſten des Königreichs empor — Itzt iſt er Oberſterburggraf —

Allein

*) Von der uralten, verdienſtvollen gräfl. Lazansk. Familie hat Riegger, der Sohn, in den neuern Abhandl. der k. böhm. Geſellſchaft der Wiſſenſchaft. 1790. Nachrichten gegeben.

**) Es kam bey dieſer Gelegenheit heraus Corpus iuris eccleſiaſtici acad. P. II. 1760. 8.

II.   G

Allein dieß gehört nicht hieher. — Er ist ein großer
Mann — Er ist und war immer Musenfreund. —
Seine angenehmste Beschäftigung und Muße war und ist
immer Lektüre und Umgang mit den Musen und Musensöh-
nen — Seine Erholung von den drückenden, ermüdenden
Staatsgeschäften war und ist die Erholung des Weisen —
mit Künsten und Wissenschaften aller Art und Gattung.
Er schätzt und schützet die Gelehrten überhaupt, und ist
immer bereit für ihren Wohlstand alles zu thun.

Die k. böhmische Gesellschaft der Wissenschaften
muß hier vor allen auftreten, und alles das bestättigen,
was hier gleichsam im Vorbeygehen gesagt worden ist.

Durch Fürstenberg ward sie formirt und gleichsam errichtet. Sie hat ihm ihr Daseyn zu danken. —
da sie aus einer Privatgesellschaft eine öffentliche ward.
Er war ihr erster Vorsteher, ihr Beschützer, ihr Vater. —

Unter Lazansky's *) Bestreben, Einfluß und
Ansehen ward sie eine k. Gesellschaft der Wissenschaften.

Der

---

*) Er ward am 3. Sept. 1789. als neu gewähl-
    ter Präsident der böhm. Gesellschaft der
    Wissenschaften feyerlich eingeführet.   Prof.
    Cornova verewigte diesen Tag:

Sie welket nie die ew'ge Lorberkrone,
    Die lohnend einst der Musen Hand,
  Mezäne Böhmens! Böhmens Pollione!
    Euch um die Schläfe wand.

Mit Recht war Hodiegowa's Ruhm zu dienen
    Ihr Stolz zu grauer Ahnen Zeit:
Doch soll sie nicht, Lazansky! stolzer grünen
    An deiner Stirne heut:

Die

Der verewigte Monarch Leopold II. beschenkte
sie mit einem ansehnlichen Fond und versprach ihr noch
weitere Hülfe und Unterstützung — Lazansky als Präsident stehet ihr vor, er läßt es an nichts mangeln, was
ihr zum Gedeihen, Fortschreiten nützlich wäre. Er ist
Beförderer und Mäzen bey jeder Gelegenheit, die sich
darbeut.

17.

Muß man Patriot bleiben?

Der Patriot ist ein warmer Anhänger an den Staat
— in dem er lebt — und ernährt wird — an seinen

g 2   Rec

Die, an der mütterlichen Brust der Musen
    Zum Freund der Weisheit aufgesäugt,
Dir, dessen Feuerblick in jedem Busen
    Patriotismus zeugt;

Dir winkt, zu lenken ihn, der Bund der Weisen,
    Den, ob er Böhmens Schooß entstammt,
Die Denker Deutschlands alle neidlos preisen
    Von Wahrheitsglut entflammt.

Lenk' ihn! und mässige sein Klaggetöne
    Um Fürstenberg. Bis itzt geweint
Kannst du nur trocknen die gerechte Thräne
    Sein Folger und sein Freund.

Geliebt wie er von Böhmens Biedermännern
    (Kein Zepter lohnet herrlicher)
In fernen Zonen selbst von ächten Kennern
    Beneidet uns wie er.

Regenten, und seine Mitbürger — und blemit an die bestehende Staatsverfassung. In dieser Stimmung denkt, redet, handelt und schreibt er.

In jedem Stande, in jeden Umständen, in jeder Gelegenheit bleibt er's —

Wenn er hintangesetzt, übergangen, vernachlässiget wird — so bleibt er's doch —

Wenn man gegen ihn undankbar handelt, wenn man ihn mit seiner Familie darben läßt, wenn man seine Verdienste um den Staat undankbar mißkennt; so bleibt er's doch —

Wenn man ihn ganz wegwirft — auch verfolget; so bleibt er's doch —

Wenn er als Demokrat verschryen, verläumdet, unterdrückt wird — so bleibt er doch Demokrat (im eigentlichen, guten Verstande) das ist Patriot.

Wenn er Gelegenheit hätte, andere Wege einzuschlagen, und sich seine Glücksumstände, durch Aenderung seiner Grundsätze zu verbessern — so ändert er nichts und bleibt Patriot —

Wenn er sieht, daß der Regent und die Minister getäuscht werden — so suchet er freylich Mittel hervor, um das Uibel abzuwenden — hilft aber nichts: so muß er doch Patriot bleiben.

Wenn ihn seine Mitbürger, durch Intrigue und Kabale aufgereizet, verführet — zu mißkennen, zu hassen, zu verfolgen anfangen — so bleibt er doch Patriot —

Wenn Staatsveränderungen, Unruhen — oder wohl gar Empörungen (im Beginnen sind — oder auch wirklich ausgebrochen sind — so muß er doch der alte Patriot bleiben.

Er bleibt Patriot, so lange er lebt — und sollte auch der Staat nicht so lange leben — er stirbt — und

lebt

lebt als Patriot in ſeiner Nachkommenſchaft — auch
vielleicht in ſeinen Schriften —

Dieß iſt politiſcher Heroismus — wahrer Ci-
vismus.

18.

Epiſtel an die Patronen der Dummheit *).

Geſendet mit der Hölle Kreditiv,
  Verſehen mit des Aberglaubens Paß —
Nehmt meinen ehrfurchtsvollen Knix zuvor
Ihr Abgeſandten dicker Finſterniß,
Und meiner Geiſſel Hiebe gleich darauf!
Ihr wähnet, weil des Aufruhrs Glocke jetzt
In Frankreichs ſchönen Triften ſchaudernd tönt,
Zum Morden und Verrath die Bürger weckt;
Der Freyheitstaumel ſie Bachanten gleich
Von einem End des ſchönen Königreichs
Mit der Verheerungs-Fackel in der Hand
Bewußtlos zu dem andern Ende treibt;
Weil Städte rauchen, und die goldne Saat

                                                    Ge-

*) S. Wer ſind denn dieſe Patronen der Dummheit?
   A. Alle diejenigen, die die Greuel der franzöſiſchen Anarchie auf Rechnung der Vernunft ſchreiben, das Studium der Philoſophie als gefährlich verſchreyen, und mit
   einem Worte, gerne das 18te Jahrhundert
   in das 11te verwandeln möchten — Es
   giebt in dieſer Klaſſe ſowohl eingebildete Frey-
   denker, und Genies, als wahre Dummköpfe.

Geſetzlos eine wilde Horde ſtampft;
Ihr wähnet, weil die Stempel der Vernunft
Betrüger nachgeſchnitzt, und ſo das Volk
Den unbehülflichen Koloß, der nie
Sich lenket, immer lenken läßt, getäuſcht;
Da wähnet ihr der Augenblick ſey da,
Das ſchöne Götterkind Philoſophie,
Gebunden, ungehört, zum Rabenſtein
Zu ſchleifen, und ihm da den Gnadenſtreich
Nach Henkersart zu geben; ſo wie jüngſt
Den guten Ludwig Frankreichs Höllenrath
Zum Meſſer ſeiner Guillotine zog?
Doch hört, wenn eure Wuth euch hören läßt,
Hört, welchen Kampf ihr Raſenden beginnt!
Gleich den Giganten, die der Wahnſinn einſt
Der Götter ew'gen Sitz zu ſtürmen trieb,
So treibet euch bewußtlos der Inſtinkt
Der Dummheit, fort zum Kampfe gegen die
Vernunft — Doch euer Kämpfen iſt umſonſt.
So wie der Fels im Meere, unbewegt
Und unerſchüttert ſteht, wenn auch die Fluth
Wildſchäumend ſich zu ſeinen Füßen bricht;
So ſteht die ſchöne Göttertochter da,
Die Fackel des Verſtandes in der Hand
Beleuchtet lächelnd euer Ungetüm,
Das euch zum Spott und Hohn der Weiſen macht.
Der Götterhauch, mit dem der Schöpfer uns,
Da er aus welchem Thon den Menſchen ſchuf,
Allmächtig anblies, lebt und wirkt in uns
Und zeichnet uns vom Thier-Geſchlechte aus;
Und dieſer Götterhauch iſt die Vernunft,
Der ächte Stempel uhrer Menſchlichkeit.
Wer den vertilgen will, vertilget er

Den

Den hohen Adel unsrer Menschheit nicht?
Und bannet er den Menschen nicht zurück
Ins Thier=Geschlecht, das nur dem Magen lebt?
Der weise Schöpfer gab uns die Vernunft:
Und Thoren, ihr? ihr meistert Gotteswerk?
Verdienet ihr den Namen Menschen noch,
Wenn ihr der Menschheit schönstes Eigenthum
Mit Füssen tretet? und das Götterbild
Der Weisheit, zähnebleckend gar mit Koth
Und eurem Unrath werft? Ihr scheinet mir
Den Hunden gleich, die bey der Harmonie
Der Tonkunst heulen, weil Natur den Sinn
Für dieses Hochgefühl dem Hund versagt.
Und welcher Widerspruch? Ihr mühet euch
Aus Gründen der Vernunft selbst die Vernunft
Als giftig und verderblich zu verschrey'n!
Ihr weiset höhnisch auf den Mißbrauch hin
Den Frankreichs Rasende *) davon gemacht?
Und denket nicht, daß Frankreich selbst dafür
Sie mit den Titel Rasende geschmückt?
Die Sonne pranget hehr am Firmament,
Streut Wärme, Leben und Gedeihn um sich,
Die Erde grünt und blühet nur durch sie;
Wenn nun den schönen Lebensstrahl ein Wicht
In einem glatten Spiegel fängt, und ihn
So auf die seegensvolle Scheune lenkt,
Daß Scheun' und Stall und Haus zur Asche brennt,
Ist es die Sonne, die der Vorwurf trifft?
Wenn Schurken die Philosophie mißbrauchten
Kann sie **) der Richter vor Gerichte ziehn?

                                        Wenn

*) Les Enragés.
**) die Philosophie.

Wenn Pizarro das neu entdekte Land
Im Namen der Religion verheert,
Um Schätze sich zu häufen, wolltet ihr
Wohl sagen, Sie die Göttliche, sie war's,
Die in den blutgetünchten Boden dort
Das Kreuz der Menschenlieb gepflanzet hat? —
Wenn sich ein Narr mit einem Strick erwürgt,
Ist es der Strick, der ihn erwürget hat?
Genug — denn müde bin ich schon des Kampfs
Mit euch! — Nur eine Frag sey mir erlaubt.
Wenn Frankreichs aufgereiztes Volk so sehr
Die Gabe der Vernunft mißbrauchet, was?
Was würde vollends ohne sie geschehn?
Die Greuel, die des Volkes-Wuth verübt,
Die hat die Wuth, nicht die Vernunft verübt.
Und nun die Hand aufs Herz, ihr sans Raisons,
(Ein würdiges pendant der sans-culotts!)
Was würdet ihr erst thun, wenn einstens sich
In euren geistesleeren Hirnverschlag
Ein Funke von der Freyheit Schwindelgeist
Verirrte? — wehe — weh dem armen Land,
Das dann in euren Klauen bluten müßt.
Bedenket und beherziget das wohl! —
Verschreyet nicht so schrecklich die Vernunft,
Sonst merken wir's zu bald, daß sie euch fehlt.
Erfreuet euch der Weisen Toleranz,
Die euch auf Gottes Erde dulden, so
Wie Gott die Regenwürmer duldet, und —
Und reizet meine Geissel ja nicht mehr!

                                        S—dt.

                                        18.

19.

Einige Aufgaben, die vielleicht bey itziger Zeit mit Nutzen in den Lieferungen für Böhmen nach und nach beantwortet werden könnten.

Hier werden einige Fragen und Probleme vorgelegt, die auch als Preisfragen angesehen und beantwortet werden könnten. Man will hier nur eine Probe geben, und man wird mit Vergnügen den Wünschen unserer Leser entgegensehen, wenn sie uns Beyträge hiezu, und nach ihrem Wohlgefallen verschiedene Gedanken, Ideen, Zweifel und Fragen mittheilen, die sie aufgelöset und beantwortet, verlangten.

Einige dieser Fragen, die wir gegenwärtig mittheilen, sind schon bearbeitet, und werden nach und nach, wenn unser Institut fernere Unterstützung verdienen sollte, geliefert werden.

Gönner und Freunde dieser Schrift können also immer nach Belieben und Wohlgefallen entweder ihre Beantwortungen und Auflösungen über gegenwärtige Aufgaben uns mittheilen; oder sie können auch, wenn sie wollen, neue Fragen zur Beantwortung uns bekannt machen. Man wird gewiß Gebrauch davon machen. Man bestrebt sich für Böhmen nützlich zu seyn, und zu belehren, und zu ergötzen, ohne gewisse Meynungen aus bringen, und sich als Richter über das Publikum erheben zu wollen.

Es sollen also indessen folgende Fragen zum Versuche dienen:

1.

1. Kann es eine ganz bloſſe, und eigentliche Republik geben? Kann eine bloſſe demokratiſche Regierungsform, beſonders in gröſſern Staaten wohl ſtatt haben?

2. Hat in den griechiſchen Staaten eine wahre republikaniſche, demokratiſche, freye Regierungsform ſtatt gehabt?

3. Wie war es in Rom, da es eine Republik genannt ward?

4. Können ſie beyde, die griechiſche und römiſche republikaniſche Regierungsform mit der dermaligen franzöſiſchen Verfaſſung, und wie verglichen werden?

5. Iſt die itzige, ſo genannte, franzöſiſche Republik wirklich frey, eigentlich demokratiſch?

6. Wer herrſchet itzt in Frankreich?

7. Ob Demokraten = oder Ariſtokratenbeſpotiſmus ärger ſey?

8. Welche ſind die eigentlichen und richtigen Begriffe von Demokraten und Ariſtokraten?

9. Warum und wie iſt die väterlich = monarchiſche Regierungsart die natürlichſte, die älteſte, die angemeſſenſte, die beſte?

10. War Frankreich unter dem ſo verſchrieenen Königsdespotiſmus übler daran, als es unter dem Pöbeldespotiſmus iſt?

11. Wie ſoll ein für die itzige Zeitumſtände brauchbarer politiſcher Katechiſmus verfaſſet werden? —— Eine Probe davon —

12 Läſt ſich das Publikum bethören?

13. Was für Vorſichtsregeln haben itzt Regenten vorzüglich zu beobachten, um ſowohl ruhig und glücklich regieren, als allen nur immer möglichen Revolutionen, Unruhen vorbeugen zu können?

14. Wie werben ihr Regenten getäuschet?

15. Ist Patriotismus besser als Kosmopolitismus? Worinn bestehet der eigentliche Unterschied von beyden?

16. Was ist politischer Heroismus? Und giebt es noch einen?

17. Wie soll die Nazionalerziehung beschaffen seyn, damit man von dem ersten Unterrichte an bis zur Vollendung der wissenschaftlichen Laufbahn den Staatsbürger erziehe, bilde, und formire?

18. Kann man bloß bey der Schul= und literärischen Erziehung stehen bleiben?

19. Wie soll man für alle Stände, besonders auch für das weibliche Geschlecht Sorge tragen?

20. Wie soll die Geistlichkeit zu Erreichung dieser staatsbürgerlichen Endzwecke gebraucht werden?

21. Wie soll die junge Geistlichkeit zur Kenntniß und Erfüllung der so heiligen mit diesem Stande verbundenen Pflichten eingeleitet werden?

22. Können auch die Juden, bey ganzem Bestand des talmudischen Lehrsystems in Ansehung ihrer Moralität gebessert werden? Und was sind für Mittel, um Alles zu versuchen, anzuwenden?

23. Sind Belohnungsgesetze nicht nothwendiger, als Strafgesetze? — Zur Probe ein Entwurf —

24. Wie können und sollen die Gränzen der Preßfreyheit bestimmt werden?

25. Können — und wie können Schriftsteller dem Staate schaden — und wohl auch zu Empörungen beytragen?

26. Die Wahl der Lehrer — sie mögen Volkslehrer oder wissenschaftliche Lehrer seyn, wie soll sie beschaffen seyn?

27. Was ist wahre Aufklärung? Kann sie schädlich seyn?

28. Ist Frankreich durch zu sehr verbreitete Aufklärung zur Empörung gereizet, und dahin gebracht
worden, wo es itzt ist?

29. Ist denn jeder Aufklärer, der sich so nennt,
und der auch von so vielen seines gleichen dafür gehalten wird, ein wahrer Aufgeklärter?

30. Ist Illuminatismus und Aufklärung das
nämliche?

31. Warum ist wahre Philosophie dem Revo-
luzionsgeiste nicht günstig — und warum kann sie es
nicht seyn?

32. Welche Staaten haben keine Revoluzion zu
befürchten?

33. Ist das Revoluzionsgift ansteckend?

34. Ist der itzige Krieg von Seiten Frankreichs
ein Opinionenkrieg?

35. Hätte der Krieg von Seiten der verbündeten
Mächte vermieden werden können?

36. Ist es besser, bey den itzigen Zeitumständen
von den Revoluzionen, ihren Folgen, und Uibeln ganz
zu schweigen, oder darüber zu schreiben?

Der Fragen werden für dießmal schon genug
seyn — wenn nur auch alle die Beantwortungen so ge-
schwind fertig wären! —

20.

Nachrichten von Anton Salomon

Großhändler in Rumburg, und Stifter der dortigen Handlung und Industrie.

So einfach, so ungekünstelt als der Mann war, von dem ich sprechen werde, will ich auch erzählen, was er that und wie er lebte. Seine Handlungen sind sein Lob.

Anton Salomon ward im Jahre 1717. in Rumburg geboren. Er war 6 Jahre alt, als sein Vater ein Leinwandfaktor starb, und nebst ihm noch 5 Kinder aber kein Vermögen hinterließ. Die Mutter übernahm nun die fernere Erziehung; die Noth, diese große Lehrmeisterinn des Menschen, machte auch diesmal ihr pädagogisches Kunststück, und lehrte die Mutter, ihre Kinder frühzeitig zum häuslichen Fleiße anzuhalten. Der kleine Salomon mußte außer der Schule durch Spulen und Garnaufwinden das benöthigte Geld auf Schuhe und Strümpfe sich verdienen; daß Müßiggang der Anfang aller Laster sey, war die tägliche Lehre seiner dinsigen Mutter.

So ward in ihm durch Worte und durch Beyspiel der Grund zur Thätigkeit und Unverdrossenheit gelegt, die der Hauptzug in seinem Charakter waren.

In seinem 12ten Jahre wurde er Lehrjunge bey einem Weber, und lebte nun beynahe ganz von dem Erwerb seines Fleißes.

Dann wanderte er als Geselle nach Ollmütz, kehrte nach 4 Jahren als Meister in seine Vaterstadt zurück und übernahm sein väterliches Haus. Sein ganzes Vermögen bestand in 400 fl. Er mußte also mit Schulden künf-

merc

merklich anfangen.   Doch gerade dieß war für seinen offe=
nen Kopf und strebsamen Geist ein Sporn mehr zur
Thätigkeit ; er fing also an einen Leinwandfaktor für
die Zittauer Kaufleute zu machen, das ist, die in Rum=
burg und der Gegend verfertigten Leinwanden von seinen
Mitmeistern zu übernehmen, und nebst den eigen verfer=
tigten Partheienweise an die Kaufleute in Zittau, die da=
mals in dem ausschließenden Besitze des Leinwandhan=
dels waren, zu verkaufen. Gleich bey dem ersten Ver=
suche waren diese mit der gehörigen Sortirung der Lein=
wanden , mit der ordentlichen Berechnung und seinem
bescheidenen Benehmen sehr zufrieden, munterten ihn zu
Fortsetzung dieses Geschäfts auf , und gewannen ihn in
der Folge so lieb, daß sie ihm ein vollkommnes Zutrauen
schenkten, ihn mit Rath und That unterstützten , und
vor seines gleichen auffallend unterschieden.   Dadurch
wurde bald die Eifersucht der sächsischen Faktoren rege,
die, um ihn zu verdrängen, bey den Zittauer Kaufleu=
ten, ihren Glaubensgenossen , sogar die Religion ins
Spiel brachten; aber weder diese, noch Salomon ließen
sich irre machen.

Seine Geschäfte gewannen glücklichen Fortgang.
Er hatte damit angefangen, monatlich einmal die ein=
gekauften Leinwanden auf einem Schubkarren, den er oft
selbst mitziehen half, nach Zittau zu führen ; nach 2
Jahren konnte er , (vorzüglich durch die großmüthige
Unterstützung eines Zittauer Handlungshauses sowohl
mit Garn als mit baarem Gelde) alle Wochen zwey
Fuhren voll dahin führen.   Dadurch wurde die Indu=
strie in Rumburg , die bis dahin in tiefem Schlummer
gelegen hatte, merklich belebt , und ansehnliche Summen
kamen ins Land. Er selbst gewann dabey so viel, daß
er ungeachtet eines großen Verlusts , indem sein Haus

im

im Feuer aufgieng, sich aufrecht erhielt, und bald ein neues Haus bauen konnte.

Ein zufälliger Umstand machte aus dem bisheri= gen Leinwandfaktor erst einen Krämer und bald darauf einen Handelsmann. Er mußte nämlich von einem Fuhrmanne für eine Forderung, eine sechsspännige La= dung von Spezerey = und Materialwaaren annehmen; und da er sie im Ganzen nicht anbringen konnte, — so gering war damal das Verkehr! — sah er sich ge= zwungen, sie alla minuta zu verkaufen. Er gewann dabey, und nun wurde bey ihm Spekulazion, was bis= her Zufall gewesen war. Er machte einen größern Ver= lag und fing an in dieser Absicht die Leipziger Messe zu besuchen, wodurch er Gelegenheit bekam sich mehrere kaufmännische Kenntnisse zu erwerben.

In Leipzig machte er auch im J. 1750. Be= kanntschaft mit dem Engländer Heinrich Franklin, wel= cher sich in Schlesien etabliren wollte, von ihm aber durch die Nachricht, daß schon vormals einige Englän= der in Rumburg den Leinwandhandel mit Vortheil be= trieben hätten, bewogen wurde, sich daselbst niederzulassen, und so der Stifter der daselbst itzt blühenden englischen Handlung zu werden.

Im J. 1749. fing Salomon an, auf Zuwei= sung des ewig großen, wohlthätigen Fürsten Wenzels von Lichtenstein nach Triest Versendungen zu machen, wodurch er auch in Italien bekannt wurde, und von da in der Folge immer mehrere Bestellungen erhielt. Was er aber auf diesem Wege in ein paar Jahren gewonnen hatte, verlor er auf einmal bey seinem inländischen Han= del durch die Treulosigkeit einiger Kaufleute, besonders der Juden. Diese Erfahrungen machten ihn für sein ganzes Leben gegen diese Nazion mißtrauisch — Doch ver=

lor

lor er den Muth nicht , sondern ließ sich bald darauf
mit dem damaligen Militairmontirungslieferanten Mon-
tag in Leinwandlieferungen ein, die ihm auch guten
Nutzen abwarfen. Ein weit wichtigerer Vortheil aber
war es für ihn und das Kommerz überhaupt , daß er
dadurch dem damaligen k. Kommerzienrathe von Loscany
bekannt wurde, der ihn so lieb gewann, daß er mit ihm
über die Emporbringung des böhmischen Leinwandhan-
dels in einen Briefwechsel sich einließ, und dann bey einem Besuche in Rumburg 1753 ihn zur Errichtung einer
ordentlichen Leinwandhandlung ins Ausland durch Ver-
heißung seiner Unterstützung und des öffentlichen Schutzes
aufmunterte. Eben dieß that bald darauf der edeldenkende Fürst Wenzel Lichtenstein, indem er Salomon
in seinem Hause besuchte, ihm mehrere Beweise einer aus-
gezeichneten Gewogenheit gab , und ihm die Leinwand-
lieferung für das Artillerlekorps, dessen Chef er war,
übertrug ; welches Geschäft auch Salomon bis zum
Tode dieses um Oestreich unsterblich verdienten Fürsten
zu dessen größter Zufriedenheit betrieb.

Im J. 1754. wurde er von dem Kommerzienrathe Loscany aufgefodert, bey einem großen Jahr-
markte von lauter innländischen Fabrikaten, der bey An-
wesenheit Marien Theresiens auf der sogenannten Cho-
tekischen Insel (Weldrus) von dem Grafen Chotek veranstaltet wurde, mit seinen Waaren zu erscheinen. Dort
erwarb er sich durch die Güte seiner Leinwanden und die
bey uns damal unbekannte Appretur derselben , die besondere Zufriedenheit der großen Monarchinn. Sie nannte ihn nur ihren lieben Rumburger, (Wer erkennt
hier die gütige Landesmutter nicht?) beschenkte ihn mit
einer goldenen Medaille, behandelte selbst um 1200 fl.

Lein-

Leinwanden, und ermunterte ihn ebenfalls auf das drin=
gendste zur Errichtung einer ordentlichen Leinwandhandlung.
In dieser Absicht ward er sogleich zum damaligen
Obersten Kanzler, Grafen Rudolph Chotek beschieden,
wo er den Kommerzienpräsidenten Grafen Joseph Kinsky
und den Kommerzienrath Loscany antraf. Diese Herren
besprachen sich nun mit ihm über die Mittel den Lein=
wandhandel in Böhmen emporzubringen, und trugen
ihm die Stelle eines k. Kommerzieninspektors an, welche
er aber, zufrieden mit dem, was er war, und überzeugt
von seiner größeren Brauchbarkeit auf seinem Posten,
nicht annahm.

Dabey wurde ihm nochmals bey Errichtung einer
großen Leinwandhandlung die vollkommenste Unterstützung
von Seite des Hofes versprochen, und in der Folge
thätig geleistet, indem insbesondere die von ihm vorge=
schlagene Verbesserung der unfahrbaren Gebirgsstraße von
Rumburg bis Leippa wirklich angefangen, und bis
zum Ausbruch des siebenjährigen Kriegs fortgesetzt wur=
de. *)

Auch Salomon ließ es nun seinerseits an Thä=
tigkeit und Eifer, die Wünsche seiner Monarchinn zu
erfüllen, nicht fehlen. Da seine eigenen Kenntnisse und
Kräfte zu dem beschlossenen großen Unternehmen nicht
hinreichten, suchte er einige Gehilfen, und, weil es in
Böhmen noch gar sehr an geschickten und erfahrnen
Handelsleuten fehlte, zog er zwey geschickte Leinwands=
negozianten Ruprecht und Teuerlein aus der Lausitz an
sich

*) Nunmehr wird auf höchsten Befehl diese Straße
neu und solid gebauet. Die böhm. Stände leisten
indessen den Geldvorschuß.

sich, und errichtete im J. 1755. eine ordentliche Handlung unter der Firma: K. K. privil. Garn = und Leinwandhandlung in Rumburg. Sie stand unter dem besondern Schutze des Grafen Kinsky, der 20000 fl. dazu gab, wozu in der Folge noch 10000 fl. von der Wiener Hauptkommerzialkasse kamen. Zugleich wurde auch in Rumburg eine Tafelzeug = und eine Plüschefabrik errichtet, dem inländischen Weber, der bis dahin nur einfache und gemeine Leinwanden verfertiget hatte, wurden mehrere Gattungen angegeben, und dadurch der Grund zu der gegenwärtigen Industrie gelegt.

Diese Unternehmung hatte jedoch mit den größten Schwierigkeiten zu kämpfen, indem man damal noch gar seichte und irrige Begriffe vom Handel besaß; da keine Straße, kein Fuhrmann, kein Postamt, keine Appreteurs, und nur einfache Leindwandgattungen vorhanden waren; und vollends da ein Jahr darauf der siebenjährige Krieg ausbrach, und der vom Hofe versprochene Vorschuß von 50000 fl. ausblieb.

Aber ungeachtet aller Hindernisse gelang das Unternehmen doch durch die unerschütterliche Beharrlichkeit, durch den Muth und den durchbringenden Geist Salomons, und würde die gesegnetesten Früchte getragen haben, wäre es nicht durch die Intriguen und den Eigennutz des assozirten Ruprechts gestört worden. Dieser Mann war ein feiner, geschickter Kopf, besaß aber ein schlechtes Herz. Er wußte sich die Gunst des Grafen Kinsky durch den Vorschlag zu erschmeicheln, die Rumburger Handlung auf seine Herrschaft nach Heyde zu übertragen. In dieser Absicht wurde dieser damal nur aus wenigen Häusern bestehende Ort von der Unterthänigkeit frey gegeben, und zu einem Marktflecken erhoben; der Schüttboden zu einem Handlungshause eingerichtet

und

und die Handlung, trotz des Widerspruchs der übrigen
Gesellschaft, (der sich auf die Entfernung dieses Ortes
von der Gränze und auf den Mangel an Webern daselbst
gründete) dahin verlegt; das ganze Werk aber scheiterte
in wenig Jahren durch die Treulosigkeit Ruprechts, der
mit einem Kassenabgang von 20000 fl. entwich.

Salomon, der einen solchen Ausgang voraus
sah, hatte sich indessen von der Gesellschaft los gemacht,
und begann eine neue Handlung unter der Firma:
Teuerlein, Salomon und Compagnie; aber auch
diese trennte sich, da Teuerlein, der überhaupt mehr auf
seinen als auf den gemeinschaftlichen Nutzen sah, die vom
Hofe der Rumburger Garn- und Leinwandhandlung ver-
liehene Niederlage in Wien an sich riß.

Salomon setzte nun vom J. 1762. die Handlung unter seinem eigenen Namen fort. Die meisten
Kundschaften im Auslande waren ihm von seinen vorigen Compagnons entrissen worden; nur die Leinwandlieferungen ans Militair, die er nie bey Seite gesetzt
hatte, *) und die Tafelzeugfabrike blieben ihm übrig;
beyde setzte er nun auf das thätigste fort.

Er beschäftigte damit eine beträchtliche Anzahl von
Webern, unterstützte sie mit Garnen und mit Geld, und
ward der Urheber des gegenwärtigen Wohlstandes so vieler
Familien.

Im J. 1764. wurde er von seinen Mitbürgern
aus Dankbarkeit für sein eifriges Bestreben, den Wohl-

h 2   stand

---

*) Einst führte er mit Gefahr seines Lebens und
Vermögens mitten durch die preußische Armee
5 Wägen voll Leinwand für die kaiserl. Artillerie, unter dem Vorwande, daß es nach Triest
bestimmtes Kaufmannsgut wäre.

stand der Stadt zu befördern, zum Bürgermeister ge=
wählt.   Unter die vielen gemeinnützigen Anstalten, die
er in diesem Amte traf,   gehört der Bau einer Schule,
und die Anpflanzung einer schönen Allee auf dem Kirch=
hofe aus seinem eigenen Vermögen; seine zunehmende
Geschäfte gestatteten ihm aber nicht länger als drey Jahre
dieses Amt zu verwalten.

Im J. 1774. nahm er seinen ältesten Sohn,
der nach vollendeten Studien zwey Jahre lang in Triest
die Handlung erlernt hatte, zu seinem Compagnon auf.

Durch diesen fand er den Verschleiß in die aus=
wärtigen Staaten wieder, und entfernte allmählig alle
inländischen Geschäfte,   um sich ganz dem Großhandel
ins Ausland zu widmen.   Er that dieses mit vielem
Glücke, und zum größten Vortheile des Staats ; seine
Nachbaren und Landsleute wurden durch sein Beyspiel zu
ähnlichen Unternehmungen ermuntert, und so erreichte
endlich die Handlung und Industrie in jener Gegend
den hohen Grad von Vollkommenheit und Größe, die
sie vor allen übrigen Gegenden unsers Vaterlands aus=
zeichnet.

Im sechzigsten Jahre seines thätigen Lebens be=
gab sich der würdige Greis zur Ruhe, und überließ die
Handlung seinen zwey ältesten Söhnen, ein paar Män=
nern , die durch Patriotismus ,   tiefe Kenntnisse ihres
Fachs ,   und durch eine seltene Wohlthätigkeit , ihres
Vaters vollkommen würdig sind.

Er starb 1793. den 6. Junius im 76ten Jahre
seines Lebens, mit der Ruhe eines Mannes, der in sei=
nem Wirkungskreise nach Kräften Gutes gethan, und so
gut ein Mensch es vermag, immer recht gehandelt hatte.

Die letzten Jahre seines Lebens brachte er größ=
tentheils auf einem schmerzhaften Krankenlager zu; aber

im=

immer blieb er gelassen, und ertrug alles mit männlicher
Standhaftigkeit. Nie hörte ich ihn klagen. Auf die
Frage, wie es ihm gehe? war seine gewöhnliche Ant-
wort: Recht gut, nur meine Füsse sind schon alt. —

Seine Thätigkeit verließ ihn auch am spätesten
Abende seines Lebens nicht; nachdem er die Handlung
seinen Söhnen übergeben hatte, behielt er sich doch die
Feldwirthschaft vor. Auch unter den Schmerzen des
Podagra konnte er nicht müßig seyn; wenn ihm die
Hände nicht gestatteten Flecken zu zupfen, Schnüre für
Lichtzieher zu drehen, oder was dergleichen war, so las
er Bücher, worunter die Bibel, die Josephinische Gesetz-
sammlung und die Zeitungen den ersten Rang einnahmen.

In allen Unglücksfällen, die ihn betrafen, blieb
er ruhig; aber bey Gegenständen des allgemeinen Wohls,
besonders wo es Bedrückung seiner Mitbürger galt, war
er ungemein bitzig, und kannte keine Rücksichten. Er
ließ sich daher auch durch sein 63jähriges Alter nicht
abhalten, nach Prag und Wien zu reisen, und wegen
eines in Rumburg ausgebrochenen Zwistes der Gemeinde
mit der Grundobrigkeit, dort Vorstellungen zu machen
und sich seiner Mitbürger anzunehmen. Aber man ver-
kannte den Mann und seine Absichten; er wurde dafür
mit Undank belohnt. Seine Rache war herzliches Mitleid.

In seinem Umgange zeichnete ihn eine liebenswürdige Offenheit und Grobheit aus. Er sprach immer,
wie er dachte, und handelte ohne Trug. Er verab-
scheute jede Kabale, und sprach immer der Wahrheit
das Wort, ohne durch die Art, womit er es that, zu
beleidigen. Er hielt das Mittel zwischen der falschen
Höflichkeit, womit die Menschen einander wissentlich be-
trügen, und zwischen der plumpen Redlichkeit, die bey
unsern Großvätern Mode war, bey ihren Enkeln aber für
Grobheit gilt.   Sei-

Seine Religion war gleich entfernt von Aberglauben und Unglauben ; Sie bestand in der treuen Erfüllung dessen, was er für Pflicht hielt , und in einer ungebeuchelten, ungeschminkten Frömmigkeit. Folgende Zeilen, die man in einem Tischchen an seinem Sterbebette fand, zeigen seine Gesinnungen über diesen Punkt:

„Kinder , saget euern Kindern meine Worte, und leget sie ihnen wie Grundveste in ihre Herzen: Alle die Tage eures Lebens habet Gott in euerm Sinn, hütet euch , daß ihr nie in Sünde einwilliget , unterlasset die Gebote des Herrn unsers Gottes nicht , gebet Almosen von euerm Gute, hüttet euch fleißig vor aller Unkeuschheit, lasset die Hoffarth nimmer in euerm Sinn, oder in euern Worten herrschen, denn durch sie hat alles Verderben seinen Anfang genommen. Ihr werdet viel Gutes haben , wenn ihr den Herrn unsern Gott fürchtet.„

Eine überlegte Wohlthätigkeit stand an der Spitze seiner Tugenden. Er übte sie ganz nach den Grundsätzen aus, die Cicero in seinem unsterblichen Werke von den Pflichten aufstellt *). Die Hauptsache war ihm, seinen dürftigen Mitbürgern eine Quelle der Arbeit und Nahrung zu eröffnen, und zu erhalten. Er unterstützte also die armen Weber mit Geld und Garn.

In

*) Im IIten Buche 15ten §. sagt er : Quamobrem id quidem non est dubium, quin illa benignitas, quae constat ex opera et industria, et honestior sit, et latius pateat et possit prodesse pluribus Nonnunquam tamen est largiendum , nec hoc benignitatis genus omnino repudiandum est, et saepe idoneis hominibus indigentibus de re familiari impertiendum: sed diligenter atque moderate.

In der allgemeinen Hungersnoth 1770 und 1771 überließ er selben gleich anfangs 400 Strich Korn, die er vorräthig hatte, in einem sehr mäßigen Preise, und als er selbst in der Folge seine Bedürfnisse in dem höchsten Preise kaufen mußte, fuhr er doch fort, wöchentlich eine gewiße Anzahl Brodlaibe unter die Bedürftigsten zu vertheilen. In seinem Testamente, das er 2 Monate vor seinem Tode eigenhändig schrieb, bestimmte er 1000 Thaler, zu irgend einer nützlichen Anstalt, oder wie er sich ausdrückt, zur Ehre Gottes und Erbauung des Nächsten. Seine erwähnten 2 Söhne haben sie zur Vervollkommnung der Schulanstalt in Rumburg bestimmt.

Seine gründlichen Kenntnisse im Handlungsfache theilte er gern mit; der ehemalige Kommerzkonseß bediente sich sehr oft seines Rathes, und einzelne Räthe, Inspektoren und Kreiskommissairs verehrten ihn dankbar als ihren Lehrer und Rathgeber. Die ihm selbst angebotenen Aemter im Kommerzsache verbat er weder aus Stolz, noch übertriebener Bescheidenheit, sondern aus der lebhaften Ueberzeugung des wichtigeren Nutzens, den er in seiner Lage stiftete.

Sein Tod erweckte die Theilnahme Aller, die ihn kannten, besonders aber seiner Mitbürger, die ihn sämmtlich als einen guten, wohlthätigen Mitbürger, als einen Vater der Armen mit Thränen der Liebe, Achtung und Dankbarkeit zum Grabe geleiteten.

Joseph Löhner.

21.

Ein Paar Worte über die neueſte franzöſiſche Konſtituzion

vom 24. Juny 1793.

War die erſte Konſtituzion unvollkommen, ſchwankend, unphiloſophiſch, ſo iſt es gewiß dieſe neueſte um ſo viel mehr. Sie iſt freylich noch viel kürzer, aber auch deſto magrer, unbefriedigender — ſie iſt ein Skelet ohne Kräfte, und Saft, ohne Stärkung — Wenn man auch als Republikaner reden ſollte, ſo müßte man ſie noch mehr rügen.

Nach der Konſtituzion kann unmöglich ein Staat — ich will nicht ſagen republikaniſch, aber auch kaum anarchiſch, gedacht werden.

Die Erklärung der Rechte des Menſchen und des Staatsbürgers —

Iſt in der Hauptſache nach der erſten. — Alſo gelten hier alle Erinnerungen, Bemerkungen, Mängl, die damals galten.

Aber auch das Neuere und das Veränderte wird neue Anmerkungen und Erinnerungen erfordern.

Der Zweck der Geſellſchaft iſt allgemeine Glückſeligkeit —

Welches Gallimathias? Der Zweck der Geſellſchaft! — Welcher Geſellſchaft? Und wie kömmt allgemeine Glückſeligkeit bey jeder Geſellſchaft in Anſchlag — zum Zweck?

Die Regierung iſt eingeführt worden, um dem Menſchen den Genuß ſeiner natürlichen und unverjährlichen Rechte zu verſichern. —

Zum

Zum Theil wahr — Denn wenn es doch gewiß ist, und sich auch jeder leicht dann überzeugen kann: so können unmöglich alle die bloß abstrakten, als allgemein betrachteten Menschenrechte im Staate, in der bürgerlichen Gesellschaft von der Regierung gesichert, und garantirt werden. Das Ideal bleibt wohl, aber in der Sache selbst, in der Wirklichkeit kann es nicht so bleiben. Auf diese und ähnliche Art kommen eine Menge in keiner Ordnung dargestellte, ohne Zusammenhang gemischte Sätze vor, die entweder als einzeln, und gleichsam als ganz abgesondert bestehen können; die aber im Zusammenhange, und als Folgen betrachtet, nicht bestehen können.

Am Schlusse dieser vorläufigen Erklärung kommen ganz sonderbare, empörende, die eigene — was es auch immer für eine Regierung seyn mag — französische Staatsverfassung zerstörende Sätze vor. Wenn die Regierung die Rechte des Volkes verletzt, so ist der Aufstand für das ganze Volk, und für jeden Theil desselben das allerheiligste Recht, und die unvermeidlichste Pflicht.

Welcher anarchischer Unsinn! Welch ein Pöbeldespotismus! Welche moralische Raserey!

Dieß sollen Staatsgrundgesetze bey einer zivilisirten Nazion seyn!

Konstituzionsakt.

Es sind mehr Formalitäten — als Realitäten — Es sind mehr Staatseinrichtungen, willkührliche, oft ganz widersprechende, zur Unordnung, und Verwirrung führende Volks- und Klasseneintheilungen — als Grundgesetze, die man doch von der Konstituzion hätte erwarten sollen,

Alle

Alle diese Nichtigkeiten, Zufälligkeiten beweisen am deutlichsten und kürzesten, daß, da wirklich Frankreich eine Republik seyn wollte, es am wenigsten Republik war. Denn alle diese Einrichtungen, Eintheilungen des Volkes, Bestimmungen von den Eigenschaften der Staatsbürger, von den Urversammlungen, von der Nazionalrepräsentazion, von den Wahlversammlungen, von den Nazionalversammlungen, von den Amtsverrichtungen des gesetzgebenden Korps, von vollziehendem Rathe, von Verwaltungs = und Munizipalkorps u. s. w. brengen sie wohl von der Republik, vom versammelten Volke ab? — Die Repräsentanten — und oft wie in geringer Anzahl — despotisiren die ganze Nazion und herrschen mit größerer Tyranney und Unmenschlichkeit, als je ein Kaligula und Nero u. s. w. herrschen konnten. Dieß ist also die glückliche Republik Frankreich!

Die Grundsätze, die von den Verhältnissen der französischen Republik mit fremden Nazionen angenommen werden; müssen doch noch insbesondere angeführt werden: denn sie bezeichnen noch mehr den Charakter dieser chimärischen Konstituzion.

Das französische Volk ist Freund, und natürlicher Bundsgenosse der freyen Völker — Das Volk selbst mag (mit Ausnahme des parisers) noch nicht so ganz böse seyn. Bisher war es aber nicht Freund und Bundsgenosse mit den Schweizern — wohl aber Feind und Mörder so vieler unschuldigen Schweizer — Die Schweizer werden aber doch für ein freyes Volk von dem französischen Volke gehalten werden? Es war aber auch kein Freund und Bundsgenosse mit den Holländern oder Engländern — wohl aber Feind, denen es muthwillig den Krieg ankündigte. Und freye Völker sind im eigentlichen Verstande alle europäischen Nazionen mehr,

als

als die Franzosen — wenn man die Tyranney ihrer Demagogen in Vergleichung zieht.

Es mischt sich ganz und gar nicht in die Regierung anderer Nazionen — Wie unverschämt! Was lehren die Beyspiele mit Lüttich, mit den Niederlanden, mit Maynz, und anderen teutschen Reichsländern? — Was die Beyspiele mit Spanien, Piemont, selbst Rom und Neapel u. s. w. Was lehren die Jakobiner, ihre Emissarien, ihre Propagandisten? —

Es machet keinen Frieden mit einem Feinde, der dessen Gebiet besetzt hat. Große Zuversicht! — oder vielmehr eitle Gaskonnade! Was für ein Non-Sens liegt schon in diesem Satze! Es wird also angenommen, daß doch Feinde das französische Gebiet einnehmen und besetzen könnten. Aber es wird auch angenommen, daß sie immer um Frieden bey den Franzosen zu bitten würden gezwungen werden ; denn sonst wird es wohl von dem Sieger und Eroberer abhangen, Frieden zu geben, oder auszuschlagen , ohne daß er zuvor das französische Gebiet verlassen müßte. —— Oder kann die neue französische Konstituzion den Franzosen das Siegsrecht, und die Unüberwindlichkeit zusichern? — Aber sie garantirt ja auch allen Franzosen die Gleichheit, die Freyheit, die Sicherheit, das Eigenthum , die öffentliche Staatsschuld , die freye Ausübung einer jeden Gottesverehrung , einen gemeinschaftlichen Unterricht, öffentliche Geldunterstützung , die unbegränzte Preßfreyheit —— den Genuß aller Rechte des Menschen. ——

Was in unsern Tagen in Frankreich geschiehe, ist es nicht die bitterste — aber wahrhafteste Satyre über die ganze so schön und so herrlich klingende Konstituzion? ——

Die permanente Guillotine garantirt Alles den blut- und geldgierigen Volkstyrannen — aber die variable

Kon-

Konstituzion garantirt nichts dem Volke — nichts der Relizion — nichts Freunden — noch weniger aber Feinden —

22.

Etwas über die Geschicht = Romane als ein Beytrag zum Aufsatz über die Ritterromane.
N. IV.

Immer wird man bekennen müssen, daß die Ritterromane mit welchen das teutsche Lesepublikum von einer Messe zur andern überschwemmt wird, so, wie überhaupt zu reden, alle die Romane nicht nur nichts nützen, sondern immer mehr schaden.

Von dem Schaden insbesondere, den Romane unter allen Klassen der Menschen verbreiten, soll hier keine Rede seyn. Es wird sich schon bey einer andern Gelegenheit mehreres davon sprechen lassen.

Hier nehmen wir nur Rücksicht, auf die Geschichte — und in dieser Rücksicht wollen wir nur einige Bemerkungen machen.

Geschichte — wahre Geschichte sollte wohl niemals in Romane eingekleidet werden. Dieß schadet zu viel der Wahrheit, der Aechtheit, dem eigentlichen Endzwecke der Geschichte: wenn sie anders — diese beleuchtende Fackel — Licht und Aufklärung verbreiten soll.

Entstellte, dramatisirte, meinetwegen verfeinerte, verkünstelte, schön, bilderreich geschriebne Geschichte belehret, bessert niemals.

Man gewöhnet sich nach und nach zu sehr an das Fabelhafte und Erdichtete, daß man gar keine eigentliche Geschichte mehr verdauen kann. Sobald man gewöhnet wird, die Geschichte als bloß Roman zu lesen,
wie

wie viel, wie sehr verliert sie nicht ;: wir müssen nur
pragmatische , philosophische , belehrende Geschichte haben! — Und bisher haben es wohl die Teutschen allen
andern Nazionen bevorgethan : weil Aechtheit, Nachfor-
schung , Unpartheylichkeit , Fleiß und Studium bey
uns war ?

Gerathen wir mit unsrer Geschichte ins Romane-
säkulum — wer wird uns trauen ?

O! lasset uns von der rühmlich hergebrachten Ge-
wohnheit, von der alten Sitte teutscher Historiographen
nicht abgehen — lasset uns Fakten liefern — lasset uns
durch beehrte Zeugen bestättigte Fakten anführen , die
auf Enkel wirken.

Was nützen historische Romane ? — Noch immer
mehr , wenn man will , als andere , die nur wilde
Phantasie erhitzen, unselige Leidenschaften erwecken, das
jugendliche, unvorbereitete Herz verderben , die Laster
oder doch gewiß Schwachheiten, Verirrungen des menschlichen Verstandes und Herzens lehren und verschönern,
die der Tugend und jedem Menschengefühle gefährlich
werden.

Wenige — sehr wenige Romane giebt es überhaupt, die der Sittlichkeit ganz das Wort sprächen.

Aber auch Ritter = Geschichtsromane bleiben immer
wo nicht schädlich, doch gewiß ohne Nutzen.

Zu bedauern ist unser Schiksal, daß wir Böhmen dergleichen historische = oder dramatisirte Romane
aus der böhmischen Geschichte schon mehr als genug haben.

Seit ganz kurzer Zeit haben wir erhalten z. B.
Die Töchter Broks Böhmus Fürstinnen , eine Ge-
schichte des achten Jahrhunderts 2 Theile. Libußa,
Herzoginn von Böhmen eine Geschichte. Die böhmischen
Amazonen (in böhmischer Sprache). Herzog Othal-
rich

rich und ſein Sohn Brzetislaw. Ritter von Haſen=
burg, eine Geſchichte aus den Huſitiſchen Zeiten. Tur=
nier in Prag — Geſchichte des königl. Jünglings Ladis=
laws, 2 Theile. Frau Suſanna im Bade, Kaiſer
Wenzels Retterinn und Geliebte. Hermann von Unna,
eine Geſchichte aus den Zeiten der Vehmgerichte, 2 Th.
Thekla von Thurn — Geſchichte der Szenen aus dem
30jähr. Krieg, 2 Theile. Ida oder das Vehmgericht,
Schauſpiel von Komarek. Libuſſa ein Schauſpiel von
Steinsberg. Graf Roſenberg oder das enthüllte Ver=
brechen. Eliſe von Böhmen Libuſens letzter Spröß=
ling. Wlaſta und Scharka, oder der Mädchenkrieg
bey Prag; in dem Geſchichtskalender der öſterr. Erb=
länder. Graf Waldſtein ein Schauſpiel von Steinsberg
und ein anderes von Komarek. Graf Thurn —
ein Schauſpiel von eben demſelben. Graf Tilly eine
biographiſche Skizze von ebendemſelben. Krok ein Schau=
ſpiel von ebendemſelben. Wladislaw II. böhmiſcher Her=
zog dann König, ein Schauſpiel. Przemiſl ein Schau=
ſpiel von Komarek. Abt Peter eine Legende, in der
Exkorporazion. Albrecht der Friedländer: halb Ge=
ſchichte, halb Roman. u. ſ. w.

Es ſcheint, daß die böhmiſche Geſchichte zur Lieb=
lingsnahrung der Romanenſucht wolle gebraucht werden.

Wozu aber alles dieß? Was ſoll alles dieß nützen?
Wohin ſoll es führen? Laſſet uns unſere ächte, wahre
böhmiſche Geſchichte — und verſchont uns mit eurem
Geſchichtromanen und Fabeln! Laſſet uns zufrieden ſeyn,
daß wir durch die ruhmvollen Arbeiten und Verwendungen
unſerer Balbin, Dobner, Pubitſchka, Pelzel, Un=
gar, Dobrowsky, Cornowa, Prochaska, Riegger,
mit unſrer Geſchichte und Statiſtik ſo weit gekommen ſind,
daß wir die Geſchichte von ſo vielen hiſtoriſchen Aberglau=
ben,

ben, Fabeln gereiniget haben — Also wollen wir wieder
zu Hayes romantischen fabelhaften Geschichten zurück:
kehren?

Ein anders ist es, wenn man die Geschichte nach
der Art der Alten behandelt — Dieß ist nur die Form,
die man der Geschichte giebt. Die Geschichte bleibt im:
mer wahrhaft. Man kann ihr Schmuck und Zierde ge:
ben, ohne ihr die Wahrhaftigkeit zu benehmen. Be:
redsamkeit war die Mode der ältern Zeit, Philosophie
ist die Mode der neuern. Beyde können dem Mißbrauche
unterliegen. Aber beyde sind keine Romane, keine Fa:
beln, keine Dramen. Also wird wohl die Mode der
itzigen Zeit, Geschicht:Romane werden — Ein Mittel:
ding zwischen Geschichte — und Fabel — der nächste
Weg zu einer neumodischen Mythologie.

Erinnerung an die Leser.

Für diesmal bleiben die Litteraturnachrichten aus,
weil die übrigen Beyträge zur II. Lieferung unter der
Hand angewachsen sind. —— Indessen liegen auch diese
Nachrichten zum Drucke bereit, und es ist schon damit
zur weitern Fortsetzung angefangen worden.

Um alles Mißverständniß und Irrung zu ver:
meiden, muß bemerket werden: daß es zwey gemeinschaft:
liche Herausgeber dieser Lieferungen sind, und daß kei:
nem als solchem etwas insbesondere zur Last, oder zum
Guten gelegt werden kann. In der Ankündigung da:

ben

den sie sich beyde genannt. Jedoch scheint es, daß man einem oder dem andern zu Gunsten, oder Nachtheil etwas zuschreiben wolle, was gar nicht in Anschlag kommen kann — und was mit Rechte niemals geschehen soll — Auf die besondern Aufsätze hat keiner einen weitern Anspruch, als wenn er sie entweder ganz verfasset, oder doch ergänzet hat — und auch dafür genannt werden will. —

Nun wird aber mit der III. Lieferung zugleich der Haupttitel für den I. Band mit dem Materien- und Subskribenten = Register, und der Anzeige geliefert werden, welche Artikel diesem oder jenem Verfasser angehören (wenn er anders nicht die Bekanntmachung seines Namens ausdrücklich verbeten hat, oder noch verbitten wird) Cuique suum — Und hierbey bleiben wir stehen —

Wie lange das ganze Institut dauern wird, kann man nicht sagen.

Die Absicht war und ist noch ein, gut und ohne alle Gewinnsucht — denn nur die Druckkosten und übrigen nothwendigen Auslagen sind durch die Abnahme der Exemplare bezahlet worden.

Die Herausgeber.

Prag, gedruckt bey Johann Diesbach 1793.